LE GUÊPIER CORSE

Pascal Irastorza

LE GUÊPIER CORSE

De l'assassinat du préfet Érignac à l'arrestation du préfet Bonnet

Fayard

Pour mon père

« Une action lui semblait admirable, c'était elle précisément qui attirait le blâme des gens qui l'environnaient. »

STENDHAL

Chapitre premier

Une paillote a été incendiée

« Je crois qu'on n'est pas dans la merde ! » Le major de la gendarmerie d'Ajaccio de permanence dans la nuit du 19 au 20 avril 1999 ne peut s'empêcher de livrer crûment son sentiment quand, à 6 h 58, le Centre opérationnel de la gendarmerie (COG) l'informe de l'incendie de la paillote *Chez Francis*. Une conversation hésitant entre laconisme et incrédulité, dont reste cet enregistrement :

LE COG : *Major, faut quand même que je vous avise, il y a eu la dernière paillote survivante sur Coti-Chiavari qui a pris feu cette nuit.*

LE MAJOR : *Oh...*

LE COG : *... criminel.*

LE MAJOR : *Oh...*

LE COG : *Alors, je vous informe parce que tout le monde le sait, même le colonel Mazères.*

LE MAJOR : *C'est gentil de me prévenir.*

LE COG : *Bon, il y a un truc : c'est criminel. Ils ont découvert un émetteur radio sur place. Et le chef de Cauro* [la brigade de gendarmerie de permanence cette nuit-là], *qui est sur place, pense qu'il s'agit d'un matériel Corail de la gendarmerie. Il m'a même parlé du 31/06* [nom de l'ancien escadron de gendarmes mobiles devenu, après sa dissolution, le groupe de pelotons de sécurité (GPS). Ce sont les gendarmes de cette unité, rattachée au colonel Mazères, patron des gendarmes en Corse, qui ont mis le feu à la paillote].

LE MAJOR : *Je crois qu'on n'est pas dans la merde !*

En ces termes choisis, le major de permanence vient de résumer ce qui va vite devenir une affaire d'État. Des gendarmes, un préfet et son directeur de cabinet sont soupçonnés d'avoir mis le feu à un restaurant sur une plage déserte, à une cinquantaine de kilomètres d'Ajaccio. La gendarmerie a failli y laisser son âme. Les conflits entre Justice et Police se sont ravivés par communiqués interposés. Le gouvernement a vacillé devant l'énormité des révélations. Lionel Jospin, jusque-là au faîte d'une popularité reposant sur son image de rigueur, a failli tomber dans le guêpier corse auquel bon nombre de gouvernements, depuis trente ans, se sont piqués. Il a fallu l'interpellation brillante des assassins du préfet Claude Érignac pour que la vague n'emporte pas tout sur son passage.

Il est 3 heures du matin, dans la nuit du 19 au 20 avril 1999, quand les pompiers d'Ajaccio préviennent les gendarmes qu'un feu a embrasé un cabanon à Coti-Chiavari. À 4 h 51, les gendarmes de Cauro rappellent le centre opérationnel : l'incendie est d'origine criminelle. Sur place, ils ont découvert plusieurs feuilles blanches désignant le propriétaire du restaurant *Chez Francis* d'un énigmatique et anonyme *« Féraud balance des flics »*. Le gendarme de la brigade de Cauro demande alors au COG de prévenir le procureur de la République. Le dialogue entre les gendarmes semble sorti tout droit d'un film d'action :

CAURO : *J'ai trouvé une radio sur place, un émetteur-récepteur genre portatif, tu sais.*

LE COG : *Très intéressant, ça.*

CAURO : *Il a été pris avec précaution. J'ai demandé aux pompiers si c'était de leur matériel. C'est pas le leur. Il est en action, apparemment.*

LE COG : *Oh, je vais téléphoner au colonel, moi !*

CAURO : *Tu rends compte tout de suite et tu préviens le proc* [procureur de la République]. *Je ne bouge pas des lieux. Je vais attendre un petit peu, voir comment ça se décante.*

LE COG : *C'est une radio, un talkie-walkie ?*

CAURO : *Ouais, genre talkie-walkie. Tu veux des renseignements ? !*

LE COG : *Non, non, non... Ah, radio... C'est important, ça. Je vais déjà appeler le colonel.*

CAURO : *D'accord. On fait comme ça. Passe un coup de fil au proc.*

Dans la minute qui suit, le gendarme du COG appelle en effet le procureur de la République de permanence. Il lui signale que plusieurs feuilles de papier ont été retrouvées sur place avec le fameux *« Féraud balance des flics »*. En revanche, le gendarme ne mentionne pas la présence sur la plage d'un poste émetteur-récepteur en état de marche.

À 6 h 12, Henri Mazères, grand patron des gendarmes dans l'île, appelle le COG : *« Il n'y a rien eu, cette nuit ? »* demande innocemment le colonel. *« Un feu de paillote »*, répond simplement le gendarme. Cet appel ne manque pas d'intriguer. Une fois seulement, en un peu moins d'un an de présence en Corse, le colonel Mazères a appelé la permanence de nuit. Le lieutenant-colonel Bernard Burstert, patron des gendarmes en Corse-du-Sud, est le premier surpris par cette démarche de son chef. Vers 7 heures, il appelle à son tour le COG. Et, d'emblée, interroge :

BURSTERT : *C'est souvent que le commandant de légion* [Henri Mazères] *appelle à 6 heures du matin ?*

LE COG : *C'est la première fois, je crois. Je suppose qu'il partait, pour qu'il appelle à cette heure-là.*

BURSTERT : *Oui, mais il savait que Féraud avait brûlé.*

LE COG : *Non, il s'intéressait de savoir s'il y avait eu des attentats.*

BURSTERT : *C'est la première fois qu'il vous appelle à 6 heures du matin ?*

LE COG : *Oui, moi, c'est la première fois.*

Visiblement peu convaincu, Bernard Burstert rappelle quelques minutes plus tard. Patron des gendarmes du seul département de Corse-du-Sud, il se sait menacé des foudres du préfet Bonnet qui lui reproche de ne pas avoir « sécurisé » la zone autour de deux paillotes, le 9 avril précédent, soit dix jours plus tôt. Le préfet lui impute en fait l'échec de l'opération de destruction de deux restaurants de plage par le génie militaire[1]. Le lieutenant-colonel Burstert pressent des événements troubles derrière l'incendie de chez Féraud. Mais il craint tout autant les réactions de la préfecture. Il cherche alors à gagner du temps quand il rappelle le COG :

BURSTERT : *La 32600 concernant Féraud est partie ou pas ?* [La « 32600 » n'est autre que le message adressé

1. Voir chapitre 5.

par les gendarmes aux autorités pour rendre compte des événements.]

LE COG : *Ben non. Je ne savais pas si on faisait état ou pas, par rapport à ce qui a été dit ou pas. Est-ce que je peux faire état ?*

BURSTERT : *Ce qu'il faut savoir dans l'immédiat, mais j'ai du mal à me fixer les idées... simplement s'il* [le poste radio] *a été perdu il y a deux, trois jours...*

LE COG : *Oui, mais le poste était en fréquence allumée, affichée et tout ! Alors, ça me paraît difficile. Après deux ou trois jours, la batterie serait tombée H.S...*

BURSTERT : *À moins qu'il ait été trouvé éteint et mis là allumé ?*

LE COG : *Oui, enfin bon. Fréquence affichée, poste en bon état, batterie normale. Je vous dis ça, mais je ne suis pas sur le terrain.*

BURSTERT : *Comme on dit* « Féraud balance des flics », *je me demande si on n'a pas mis à dessein ce poste à proximité.*

LE COG : *Il y a cette hypothèse, là aussi.*

BURSTERT : *En tout cas, la 32600 ?*

LE COG : *Elle part. J'ai fait très succinct. On a vu avec le gendarme. Il n'a pas parlé au Parquet de l'histoire du poste. Donc, personne n'est au courant.*

BURSTERT : *Oui. Parce que ce serait apparemment une perte... Ce n'est pas la peine d'en faire la pub.*

LE COG : *Non, bien sûr. Pas de problèmes.*

À l'évidence, moins de cinq heures après les faits, la gendarmerie hésite sur la conduite à tenir : étouffer l'affaire – il en est encore temps – ou bien jouer la transparence ? Le fameux télégramme 32600 en témoigne :

« Télex 000.18.64. Groupement de gendarmerie de Corse-du-Sud. 20 avril 1999. 9 h 29. Aucune confidentialité.

Primo *: vers 2 h 30, au lieu-dit Cala d'Orzu, à Coti-Chiavari, un restaurant de type paillote,* Chez Francis, *implanté sur le domaine public maritime et appartenant à Féraud Yves, est entièrement détruit.*

Secundo *: des premiers éléments de l'enquête, le sinistre est d'origine criminelle. Il a été découvert quatre feuillets format A4 avec l'inscription* "Féraud balance des flics" *et une grosse boîte d'allumettes. »*

Mazères défend sa thèse à Paris et Bastia

Le mardi 20 avril, le procureur adjoint d'Ajaccio, James Juan, est bien embarrassé. Il ne croit guère à la version que viennent de lui servir les services de gendarmerie. Officiellement, les gendarmes du GPS (unité spécialisée de la gendarmerie chargée des interpellations difficiles, de la protection des personnalités et de la collecte de renseignements[1]) qui étaient en exercice sur les hauteurs d'Ajaccio, ont perdu dans la nuit du samedi au dimanche un poste radio de type Corail. Ce poste se trouvait sur le toit d'une voiture du GPS. Quand les gendarmes sont revenus de leur mission de surveillance, le poste avait disparu. Comble de malchance, une personne malintentionnée, qui veut du mal à la gendarmerie, l'a emporté à une trentaine de kilomètres au sud d'Ajaccio pour l'abandonner, allumé, à trois mètres

1. Voir l'organigramme en annexe 2.

cinquante d'une paillote en flammes. Le mobile officiel est évident : nuire à la gendarmerie.

La ficelle paraît bien grosse. Il est donc utile de poursuivre les investigations. Le lieutenant Denis Tavernier et l'adjudant-chef Éric Moulié sont placés en garde à vue à la brigade des recherches d'Ajaccio. Ils sont entendus comme témoins. Selon un des gendarmes qui reçoit leurs déclarations sur procès-verbal, *« les deux personnels du GPS confirment avoir perdu le poste deux jours avant l'incendie »*. Ils restent en garde à vue en tout et pour tout une heure trente.

Le lendemain, mercredi 21 avril, le colonel Henri Mazères, qui entretenait jusqu'alors des rapports loyaux et cordiaux avec le procureur général Bernard Legras, se fend d'un appel téléphonique et confirme cette première version abracadabrante. *« Êtes-vous certain de tout me dire ? »* interroge, perplexe, Bernard Legras. *« Absolument »*, répond péremptoirement le colonel de gendarmerie, qui commande quinze cents hommes en Corse.

Bernard Legras, procureur général de Bastia, est de ces hommes au jugement sûr, poli par l'expérience. Il use de tout son ascendant pour que ne s'ajoutent pas à une incroyable bêtise de l'autorité administrative d'éventuels couacs dans une enquête judiciaire difficile. De cet homme serein, en apparence posé, émanent des remarques parfois tranchantes comme un scalpel, qui n'en sont que plus douloureuses pour ses interlocuteurs. À ses proches qu'il rejoint à Paris toutes les deux semaines, il confie volontiers qu'il vit là un des moments les plus stressants de sa carrière. Place Vendôme, le garde des Sceaux, Élisabeth Guigou, apprécie le procureur général de Bastia qui n'a pas manqué d'informer dans le détail Yves Charpenel, directeur des Affaires criminelles et des Grâces. Sa doctrine ? *« Aux affaires exceptionnelles, un traitement ordinaire. »* Anti-Bonnet, comme le présentent volontiers ses proches, il n'apprécie ni la gesticulation médiatique, ni les faux scoops. Bernard Bonnet le lui rend bien et se méfie du magistrat. Bernard Legras est convaincu que son action doit s'inscrire dans la durée. Le rétablissement de l'état de droit ne passera, selon lui, que par une action déterminée mais sereine, et dans le strict respect de la loi. Échéancier électoral, opportunités du calendrier : il refuse d'en tenir compte. Ce n'est pas l'affaire de la Justice, qui doit être au-dessus de ces contingences. En moins d'un an, il a su forcer le respect. À preuve : à la différence du préfet Bonnet, il n'est la cible d'aucune flèche nationaliste ou autre.

Au lieutenant-colonel Burstert, qui commande le groupement de Corse-du-Sud, le colonel Mazères tient sensiblement le même discours qu'au procureur général. La confiance ne règne pas au sein de la gendarmerie. *« Le colonel Mazères a expliqué à Burstert,* déclare un gendarme chargé de l'enquête, *que le GPS n'était pas en mission le soir de l'incendie de la paillote* Chez Francis. *Il ignorait tout d'une éventuelle brûlure du capitaine Ambrosse. En fonction des indices découverts et des explications fournies par les membres du GPS et par le colonel Mazères, nous avons fait part au colonel Burstert que le tout était incohérent. Malgré l'énormité de la chose, le GPS était peut-être impliqué dans cet incendie criminel. Nous avons donc demandé à être dessaisis au profit de la section des recherches. »* À 13 heures, c'est chose faite : le procureur adjoint d'Ajaccio, James Juan, appelle un enquêteur à son domicile et lui demande de transmettre l'ensemble de la procédure à la section des recherches qui, elle, a une compétence régionale.

Le jeudi après-midi, le colonel Mazères appelle une nouvelle fois le procureur général Legras : *« Je suis à Paris,* indique-t-il en substance. *Puis-je passer vous voir ce soir à Bastia ? »* Rendez-vous est pris. Mais le colonel ne parvient pas à trouver de place sur un vol à destination de Bastia, bien qu'il attende tout l'après-midi à l'aéroport d'Orly où il est arrivé vers 11 h 30. Il ne parvient à rentrer à Ajaccio que le soir, vers 23 heures. Il prend un nouveau rendez-vous pour le vendredi matin. Il sera à l'aube dans le bureau austère et fonctionnel du magistrat, au premier étage du palais de justice de Bastia.

Mais qu'est donc allé faire à Paris le colonel Mazères ? Un poste de radio perdu dans le maquis, puis retrouvé à quelques mètres d'une paillote en flammes, justifiait-il à lui seul un tel déplacement ? *A priori*, non ! Le colonel a compris que sa première version ne tiendrait pas. Il est venu en livrer une nouvelle, plus crédible, croit-il, à la haute hiérarchie de la gendarmerie.

Le 14 mai, dans le cabinet du juge Patrice Cambérou, à Ajaccio, Bernard Prévost, directeur général de la gendarmerie, ne manquera pas de faire part de sa perplexité à propos de la venue de son commandant de légion à Paris : *« Dans la soirée du 21 avril* [soit près de quarante-huit heures après l'incendie], *le colonel Mazères m'a téléphoné pour me demander un entretien au sujet d'une affaire grave. Il s'agissait d'une équipe du GPS qui avait été présente sur les lieux, le soir de l'incendie d'un restaurant de plage. Je lui ai accordé le rendez-vous pour le lendemain matin. À ce moment-là, j'étais surpris. J'avais parfois des contacts avec le colonel Mazères lors-*

qu'il y avait des incidents en Corse. Mais jamais de contacts de ce type. » À tout le moins le directeur de la gendarmerie est sceptique. Prudent, il reçoit donc le colonel Mazères, le lendemain à 9 h 30, tout en ayant pris la précaution d'être assisté de la plus haute autorité issue des rangs de la gendarmerie : le major général Gérard Marcille.

Selon Bernard Prévost, *« le colonel explique, en nommant Ambrosse, Tavernier et Moulié, que dans la nuit du 19 au 20 avril une équipe du GPS était en mission de reconnaissance sur le site du restaurant de plage. L'équipe s'est approchée et a distingué des ombres. Arrivé à hauteur du restaurant, le capitaine Ambrosse, qui était en tête, a été surpris par une boule de feu. Il a été légèrement brûlé à la main. Les gendarmes sont partis brusquement et ont marché plusieurs heures avant de rejoindre la route. Le colonel Mazères ajoute que le capitaine Ambrosse est parti le jour même à Toulouse. En permission »*.

D'après ses propres termes, l'affaire paraît tellement *« curieuse »* au directeur de la gendarmerie qu'il demande à ce que l'entretien reprenne, mais, cette fois, en présence de deux généraux : le major général Marcille, déjà présent, avec à ses côtés le général Maurice Lallement, ancien patron de la gendarmerie en Corse. Ce bon connaisseur de l'île, actuel chef du service des opérations et de l'emploi, est un camarade de promotion de Saint-Cyr du directeur de la gendarmerie. Il est, en fait, le patron du colonel Mazères. Ce dernier ne convainc personne. Le major général Marcille lui demande s'il a rendu compte des blessures du capitaine et s'il a bien déclaré la perte du poste émetteur. Laconique et embarrassé, Henri Mazères répond que ces opérations sont en cours.

Le délai mis à révéler de tels incidents achève de convaincre les supérieurs du colonel Mazères. Le major général estime d'ailleurs qu'il y a *« urgence à prendre rendez-vous avec le procureur général de Bastia et à regagner la Corse »*. Mais, dans l'esprit de Bernard Prévost, malgré le *« trouble »* que lui inspire *« la concomitance de l'incendie et de la présence d'une équipe en reconnaissance sur les lieux »*, il n'y a pas lieu de prévenir le cabinet du ministre de la Défense. Pour lui, le plus important est d'alerter la Justice afin qu'elle fasse la lumière sur cette équipée nocturne.

À son arrivée, vers 8 h 30, le vendredi 23 avril, le colonel Mazères passe, livide, la porte du bureau du procureur général. Dans l'esprit de ce gendarme informaticien est donc née une nouvelle version, tout aussi peu crédible, qui vient déjà d'être servie à sa hiérarchie. C'est à ce récit que vont s'accrocher désormais les gendarmes, jusqu'aux révélations du lieutenant-colonel Bertrand Cavallier, le 3 mai suivant :

« Je ne vous ai pas dit toute la vérité, déclare le colonel Mazères. *Je voulais couvrir mes hommes. En fait, j'avais trois hommes* [en réalité, ils étaient cinq] *en observation sur le terrain. Le capitaine Ambrosse a vu un mouvement. Il s'est approché, quand il a été légèrement brûlé par une boule de feu. Je pense qu'ils sont tombés dans une embuscade. Ils m'ont alors rendu compte de la perte d'un poste radio. C'est alors que nous avons mis au point cette première version. »*

Le procureur général Bernard Legras est incrédule. Cet homme à poigne, à l'esprit vif et à l'humour corrosif, n'apprécie qu'un chemin : la ligne droite. Et la version du colonel Mazères s'apparente plus à une départementale corse qu'à une autoroute américaine ! Comment peut-on lui livrer une telle version des faits, aussi *« invraisemblable »* ? Malgré l'entretien qui vire à l'orage, malgré les exhortations répétées à trouver autre chose, le colonel, droit comme un « i », maintient : *« Je vous assure. C'est bien cela qui s'est passé. »*

Trop c'est trop, pour Bernard Legras, trop malin pour tomber dans un tel piège et ne pas subodorer ce qu'en termes policiers on nomme volontiers une « patate chaude ». Ce vendredi, tout va s'enchaîner très vite. Le procureur général de Bastia appelle le major général Gérard Marcille qu'il a connu dans son précédent poste à la Réunion. Il lui indique qu'il y a des incohérences – c'est un euphémisme – dans le récit du colonel Mazères. C'est alors que le directeur général de la gendarmerie prend la décision de rendre compte au cabinet du ministre de la Défense. Le gouvernement sait donc dès le vendredi après-midi que le dossier corse est sur le point de redevenir le piège auquel se sont laissé prendre tous les précédents gouvernements.

Matignon en première ligne

Le vendredi soir, Lionel Jospin, informé, entre dans une colère froide. C'est le début d'une affaire d'État – *« de l'État »*, tentera d'abord de nuancer le Premier ministre, le mardi suivant, à l'Assemblée nationale. Dès le début, le Premier ministre craint en effet de voir son gouvernement pris par ces vieilles « affaires » qui ont assombri les deux septennats de François Mitterrand : l'affaire des Irlandais de Vincennes, celle des écoutes de l'Élysée, l'affaire Greenpeace... Lionel Jospin ne peut viscéralement les supporter. Candidat à la présidence de la République en 1995, il avait d'ailleurs souhaité bénéficier d'un « droit d'inventaire » sur les quatorze années de présidence mitterrandienne.

Longtemps, tout en étant conscient que quelque chose s'était bel et bien passé en Corse, le Premier ministre n'a pas voulu croire à l'implication de Bernard Bonnet. *« Où est la cloison coupe-feu ?* se demandait encore un de ses conseillers, le lundi 26 avril. *Il est tout à fait possible que seuls les gendarmes portent l'écrasante responsabilité de cet incendie. »*

Pour justifier de tels agissements, Matignon n'hésite pas à envisager *« les défaillances individuelles de gens difficiles à tenir »*. L'esprit commando des gendarmes du GPS est mis en avant. Et la sentence est déjà tombée : *« L'organisation de la gendarmerie en Corse doit être revue. »* De fait, un fin connaisseur de ces unités se souvient alors : *« Avec ce genre d'unités d'élite pour qui le résultat prime souvent, il convient, avant chaque mission, de bien veiller à la nature de l'engagement. L'action peut parfois l'emporter. C'est le premier risque à gérer. »* Le GIGN (Groupe d'intervention de la gendarmerie nationale) avait d'ailleurs tiré la sonnette d'alarme sur les conditions d'emploi du GPS. Ces gendarmes d'élite estimaient en effet que le cadre juridique de cette nouvelle unité n'était pas assez bien défini, et craignaient que la personnalité du colonel Mazères ne soit source de futurs dysfonctionnements. Les relations entre le colonel Mazères et le GIGN ont d'ailleurs viré à l'aigre, au point que cette unité spécialisée – qui vient de fêter ses vingt-cinq ans – n'était plus la bienvenue en Corse.

Le tour pris par les événements ne satisfait plus personne au sein du gouvernement. Bernard Bonnet est convoqué place Beauvau le mardi 27 avril. Quand le préfet de Corse pénètre dans le bureau de Jean-Pierre Chevènement, accompagné de Charles Barbeau, directeur de cabinet du ministre, l'ambiance est plutôt tendue. Bernard Bonnet subit un pilonnage en règle, un véritable interrogatoire de police. Puis il est reçu par les conseillers de Lionel Jospin, auxquels il affirme n'avoir *« été informé en aucune manière ni de la surveillance de la plage, ni de l'action. Je suis surpris de ce qui s'est passé, et surpris de ne pas en avoir été informé ».*

Clotilde Valter, interlocutrice privilégiée du préfet à Matignon, consigne l'entretien dans un de ses cahiers. Elle a remis au juge Cambérou une copie de cette page lors de son audition, le vendredi 9 juillet.

Pour les conseillers de Lionel Jospin, aucune explication n'est satisfaisante. *« On ne voit pas l'intérêt d'un tel incendie*, dit-on. *C'est tellement absurde qu'il doit y avoir une raison. Peut-être un dérapage à la base ? On ne peut exclure une provocation qui a mal tourné, un piège des nationalistes. Ou alors les gendarmes de base ont disjoncté. »* Pour autant, le cabinet de Lionel Jospin estime que le Premier ministre ne doit pas cesser de soutenir officiellement Bernard Bonnet : *« Tout changement apparaît alors comme une présomption de culpabilité de Bernard Bonnet. »* Il ne sera donc pas suspendu de ses fonctions. Ce n'est qu'une fois placé en garde à vue, six jours plus tard, que le couperet tombera avec sa mise hors-cadre, décidée dans la nuit.

Pendant deux semaines, le gouvernement subit les assauts de la droite parlementaire. *« C'est la première véritable crise qu'affronte Lionel Jospin »,* note un de ses conseillers. Alors que l'Élysée invite à la prudence et attend de voir[1], les députés Démocratie libérale, dont le président de groupe n'est autre que José Rossi, président de l'Assemblée territoriale corse, se montrent les plus virulents. *« Que signifie pour vous : assumer la responsabilité politique ?* interroge Laurent Dominati, député de Paris. *La Commission de Bruxelles a donné sa démission pour beaucoup moins que ça. »* Après une enquête minutieuse au sein de son cabinet, Lionel Jospin n'a *« pas peur du jugement de l'opinion publique. C'est elle que je veux pour juge dans la responsabilité politique ».* Et, de fait, le Premier ministre ne souffre pas de l'« effet paillote » dans les sondages de popularité.

Loin de désarmer, l'opposition ne cesse de *« jouer les pitbulls à l'Assemblée nationale »,* selon l'expression d'un des proches de Nicolas Sarkozy. Le RPR se range à la suggestion de l'UDF, soutenue par Démocratie libérale, de déposer une motion de censure sur la politique du gouvernement en Corse. Les trois groupes de l'opposition estiment ne pas *« avoir obtenu de réponse politique aux errements en Corse ».* Selon Philippe Douste-Blazy, président du groupe UDF à l'Assemblée, *« la Justice a pris ses responsabilités. Par le dépôt d'une motion de censure, le législateur veut contraindre l'exécutif à prendre les siennes ».* José Rossi dénonce pour sa part *« ce gouvernement qui se refuse à faire une simple*

1. Voir chapitre 11.

autocritique, à reconnaître la moindre faute, et qui se targue pourtant de transparence ».

Jean-Pierre Chevènement rassure personnellement Lionel Jospin : il a dans sa manche une carte maîtresse qu'il sortira d'ici le débat sur la motion de censure, programmé pour le 25 mai, au lendemain du pont de la Pentecôte. L'enquête sur l'assassinat du préfet Claude Érignac est sur le point d'aboutir. Les interpellations peuvent être programmées à court terme. L'opposition pourrait alors se retrouver dans une situation très inconfortable. Le schéma sera respecté : pour la droite, le débat de censure ressemblera plus à un Waterloo qu'à un Austerlitz.

Alors que la classe politique croise le fer à l'Assemblée, la Justice poursuit son œuvre dans l'affaire de la paillote. Le vendredi 23 avril à 10 heures, l'inspection technique de la gendarmerie (équivalent de la « police des polices ») est saisie. Elle se rend immédiatement à Toulouse où le capitaine Norbert Ambrosse, brûlé aux mains et au visage, a été hospitalisé au CHU de Rangueil. Ce jeune saint-cyrien, qui avait réussi les tests d'entrée au GIGN en 1998, avait finalement préféré une carrière plus militaire au sein des escadrons de gendarmerie. Loin d'être *« légèrement brûlé »*, comme l'avait soutenu le colonel Mazères devant le procureur général, Norbert Ambrosse a dû subir une intervention chirurgicale sous anesthésie générale. Néanmoins, ses blessures ne lui ont pas laissé de séquelles. L'aventure a été rocambolesque jusqu'au bout de la nuit : c'est en bateau et à l'intérieur de la voiture conduite par sa mère, en vacances en Corse, que le capitaine a quitté l'île. Arrivé à Marseille, il a été accompagné jusqu'à Toulouse, où vivent ses parents, pour y être hospitalisé. Le tout en étant officiellement en permission ! Ce qui ne manque pas de déroger aux règles du fonctionnement militaire : un homme blessé en mission doit en effet être hospitalisé dans un établissement militaire. Et ce, d'autant plus que l'hôpital militaire Begin, près de Paris, est reconnu pour sa spécialisation dans le traitement des brûlures, au point de recevoir des patients civils.

En fin de matinée, ce samedi matin, l'Inspection technique, joliment baptisée « IT » (ou « ET », comme l'extraterrestre) au sein de la gendarmerie, débarque en Corse. Elle prend ses quartiers à la section des recherches, sur la base aéronavale d'Aspretto. Ce camp militaire nourrit en Corse tous les fantasmes : il abritait les nageurs de combat de la DGSE jusqu'à l'affaire du *Rainbow Warrior*. À cent mètres de là, des bâtiments bleus longent la voie express qui conduit à l'aéroport Campo dell'Oro. Ces « maisons des Schtroumpfs » hébergent les CRS envoyés en renfort. Au plus fort de sa présence sur l'île, l'unité d'élite de la police, le RAID, y avait ses quartiers.

C'est donc sur la base d'Aspretto que les gendarmes de l'Inspection technique prennent connaissance des premières constatations effectuées par d'autres gendarmes durant la nuit du 19 au 20 avril. Au milieu de cette nuit-là, vers 2 h 30, la brigade de Cauro, de permanence, est alertée par un pêcheur qui travaille pour Yves Féraud, patron de *Chez Francis*. L'homme signale l'incendie qui ravage le restaurant de plage. Sur place, comme dans un jeu de piste, les gendarmes découvrent, on l'a vu, un transmetteur radio initialement affecté à l'escadron de gendarmerie mobile et transféré tout naturellement au GPS lors de sa dissolution. Puis un poignard avec une boussole sur son manche (il n'a pas été établi par l'enquête qu'il ait appartenu aux gendarmes). Enfin, une cagoule abandonnée près d'un grand rocher. Ces indices, comme des petits cailloux blancs, mènent au bord de l'eau... Ce qui a longtemps laissé croire que le commando de gendarmes était arrivé par mer, à bord d'un Zodiac. Or, les déclarations des gendarmes démentent cette version. C'est en voiture qu'ils se sont rendus cette nuit-là à Cala d'Orzu.

Chapitre 2

Bernard Bonnet, un homme qui s'est construit

Tout Bernard Bonnet est dans son regard : l'œil est vif, souvent rieur, toujours perçant. Il le sait et en joue. L'homme aime le contact direct, la proximité. Jamais il ne baisse les yeux. Jamais son regard ne quitte son interlocuteur. On dirait un rapace qui décrit des cercles dans le ciel au-dessus de sa proie avant de piquer sur elle. Il aime écouter ses visiteurs. Son jugement – redouté de ses collaborateurs, attendu par ses proches – n'en est que plus précis, souvent sévère.

C'est parfois à travers les yeux de la fille que l'on découvre le mieux le père. Anne-Laure a un caractère bien trempé, comme celui de Bernard Bonnet, qu'elle admire. Le 21 mai, dans les colonnes du *Figaro Magazine*, elle esquisse un portrait, qu'elle veut avantageux, du préfet incarcéré depuis près de trois semaines : *« Parano, il ne l'était pas, puisque son prédécesseur est reparti assassiné. Il n'était pas non plus ce coureur dont on parle : mes parents sont mariés depuis vingt-neuf ans. Permettez-moi de sourire ! Je connais mon père. Je trouve cela insultant pour lui et pour ma mère. Manipulateur ? Non, je réponds qu'il est brillant... »*

Manipulateur ou brillant, Bernard Bonnet, en tout cas, ne craint pas la solitude du pouvoir. Il est proche de ses collaborateurs, mais aucun, semble-t-il, ne parvient à se prévaloir d'une véritable amitié ; Gérard Pardini, son directeur de cabinet, n'a pas trouvé chez lui la reconnaissance qu'il escomptait. Aux yeux du préfet, Pardini est trop « léger », trop épicurien.

Les deux hommes ne se sont pas rencontrés dans les Pyrénées-Orientales : Gérard Pardini avait quitté ce département avant même que Bernard Bonnet n'y soit affecté. Mais le premier a l'inestimable avantage d'être Corse et d'avoir fait ses études à quelques mètres de la préfecture, au lycée Fesch d'Ajaccio.

À son arrivée sur l'île le 13 février 1998, le nouveau préfet de région sait qu'il pourra compter sur son directeur de cabinet ainsi que sur le lieutenant-colonel Bertrand Cavallier. Ses proches collaborateurs attendent de lui des marques d'amitié. L'homme en sait long sur la nature humaine : lors de sa garde à vue, il décrit ainsi les menus gestes qu'il sait devoir faire pour flatter ceux qui travaillent à ses côtés : *« J'ai eu des contacts avec le lieutenant-colonel Cavallier et sa famille pour de simples signes de confiance. »* Au cours des premières semaines de leur installation, les trois hommes vivent dans le même appartement de la préfecture, en vase clos. Ils prennent leur mission à bras-le-corps. Les journées obéissent au même rituel : réveil peu avant 7 heures ; petit déjeuner à 7 h 30 ; le soir, travail sur les dossiers jusqu'à minuit ou 1 heure du matin.

La République a besoin de Bernard Bonnet. Et Bernard Bonnet entend bien la servir comme jamais il ne l'a fait auparavant. *« Il y a l'État et le reste,* analyse sa fille Anne-Laure dans le *Figaro Magazine. C'est important pour lui, la France. Je pense qu'aujourd'hui, il souffre plus encore pour cette raison-là. Ce qui me terrifie, c'est qu'il puisse encore, en ce moment même, être capable de désirer travailler pour son pays. »* À cet égard, Bernard Bonnet est sans doute fort proche de son ministre de tutelle. Avec Jean-Pierre Chevènement il partage cette éthique républicaine parfois ressentie et présentée comme désuète. *« Depuis que je suis petite,* témoigne Anne-Laure Bonnet, *je vois mon père dans son bureau. Il a toujours tout donné à l'État : son temps et son énergie. »*

Sa mission : rétablir l'état de droit. Dans ce huis clos ajaccien, protégé en permanence par des gardes du corps auxquels il ne porte qu'une confiance relative, il n'a plus qu'une obsession : réussir là où son prédécesseur, Claude Érignac, tombé sous les balles de tueurs, n'a pas abouti. Depuis son entretien avec Jean-Pierre Chevènement, le dimanche 8 février 1998, il se prépare pour *« une mission difficile,* se souvient un de ses proches. *Il n'est pas particulièrement excité par l'ampleur de la tâche qui l'attend. En revanche, il est extrêmement déterminé. Il se concentre et se motive ».*

Tout doit aller vite. Les consignes du gouvernement sont plutôt floues ; c'est à lui d'émettre des propositions. Il a trois semaines pour dresser avec précision un état des lieux et transmettre au Premier ministre son plan d'action. Bernard Bonnet en est convaincu, il ne peut y avoir une réaction dispersée de l'État après l'assassinat de son plus haut représentant : *« Sa démarche se voulait globale, pour s'attaquer à la grande délinquance financière »,* reprend un de ses proches. Il s'investit personnellement dans les problèmes, demande à ses collaborateurs une vigilance de tous les instants, exige qu'on lui rende compte. *« Il voulait s'impliquer dans tous les dossiers, du domaine agricole au tourisme, en passant par l'activité économique,* témoigne un membre de son cabinet. *Il entend tout maîtriser. »*

Dès ces premières semaines, Bernard Bonnet montre qu'il ne supporte aucune entrave. Ses colères deviennent vite légendaires. *« Qu'ils se débrouillent ! Ce n'est quand même pas au préfet de région de gérer cela ! »* tonne-t-il quand, par exemple, on lui explique qu'il est difficile de lui installer une antenne satellite pour recevoir *LCI. « Ils n'ont qu'à trouver une ligne budgétaire ! »* s'emporte-t-il à nouveau quand il ne parvient pas à obtenir un accès à Internet. Pourtant, Bernard Bonnet n'est pas particulièrement attiré par l'informatique, si l'on en croit sa fille : *« Mon père est un homme organisé qui écrit beaucoup, car il ne sait pas se servir d'un ordinateur... »*

Les premiers mois sont envoûtants. Rien ne paraît pouvoir résister au nouveau préfet. Il obtient carte blanche de Matignon. Jean-Pierre Chevènement l'apprécie. Les rivalités entre services chargés d'enquêter sur l'assassinat de Claude Érignac visent spécifiquement le patron de la PJ locale avec lequel le préfet n'a jamais entretenu de bons rapports. Les deux hommes se sont connus lors du précédent séjour de Bernard Bonnet en Corse : de janvier 1991 à octobre 1992, il a en effet été préfet adjoint à la sécurité. Ceux qui l'ont croisé à cette époque ont gardé le souvenir d'un *« préfet tout autant politique que policier »*. Il avait notamment suivi de fort près le dialogue avec les nationalistes du MPA, initié par Pierre Joxe alors ministre de l'Intérieur.

De retour sur l'île, il est cette fois seul maître à bord. Plusieurs acteurs corses témoignent de la très haute idée qu'il se fait de la mission dont il se sent investi. Toussaint Lucciani[1], élu de l'Assemblée de Corse, a été frappé par ses propos : *« Il soulignait en permanence qu'il avait reçu les pleins pouvoirs de Matignon. Qu'il avait carte blanche... Il en était fier... »*

Bernard Bonnet n'est pas un « tiède ». Il peut être aussi chaleureux que glacial. Déjà, dans les Pyrénées-Orientales, il s'était taillé une solide réputation de préfet à poigne. Pour lui, la politique du gouvernement ne se discute pas : elle s'applique. En matière d'immigration clandestine, il ordonnait que les personnes prises sans titre de séjour soient interpellées et reconduites aussitôt à la frontière. Chaque semaine, au cours des réunions avec la police et la gendarmerie, il analysait l'évolution de la délinquance. Il exigeait des forces de l'ordre qu'elles fussent très présentes sur le terrain afin de faire reculer le sentiment d'insécurité.

Déjà, dans ce département, Bernard Bonnet ne craignait rien ni personne. Surtout pas les élus. Jean-Paul Alduy, maire centriste de Perpignan, qui disposait pourtant de solides appuis à Paris, était sa bête noire ; il n'en faisait pas mystère. Ultra-jacobin, le préfet était entré en guerre ouverte contre toute forme d'expression de l'identité catalane. En guise de représailles, un professeur alla jusqu'à publier, au moment de son départ, un faire-part de décès en catalan. L'affaire émut Bernard Bonnet qui

1. Entretien avec l'auteur, le 8 mai 1999.

engagea des poursuites judiciaires. L'homme fut lourdement condamné pour ce canular de très mauvais goût.

Arrivé en Corse, le préfet de région trouve enfin un terrain d'action à sa mesure. Il importe du Midi une tradition locale : les joutes. Les siennes seront verbales. *« Bernard Bonnet aime le conflit, surtout quand il est relayé par la presse »,* raconte un de ses anciens collaborateurs à la préfecture. À Paul Quastana, professeur à l'université de Corte, élu nationaliste à l'Assemblée de Corse, qui lui demande en séance publique, le 31 octobre 1998, quand il compte partir, Bernard Bonnet ne craint pas de répliquer : *« Je partirai quand vos amis cesseront de racketter, quand vos amis cesseront d'assassiner dans les fêtes de village, quand ils cesseront de poser des bombes qui déconstruisent l'avenir... »*

Pendant ses quatre premiers mois de présence dans l'île, il fait feu de tout bois, dénonçant à la Justice toutes les irrégularités qu'il constate. Pour ce faire, il dispose de la procédure dite de l'article 40. Le juge, en France, ne pouvant se saisir lui-même, le contrôle juridictionnel est nécessairement provoqué par le recours d'un tiers. Le recours à l'article 40 du Code de procédure pénale permet de contourner le problème de la prescription en droit administratif, qui est de deux mois à compter de la notification d'un acte illégal. Par l'utilisation de cet article, le préfet porte à la connaissance du parquet certains dossiers sur lesquels l'autorité administrative a le sentiment que des infractions ont pu être commises. Le parquet a la possibilité de classer ces dossiers sans suite, ou bien de poursuivre dans le cadre d'une enquête préliminaire qui peut conduire à l'ouverture d'une information judiciaire. Le préfet de Corse a eu recours plus de cinquante fois à cet article 40, au point d'indisposer les magistrats : selon eux, ce recours systématique a eu pour effet d'engorger inutilement les tribunaux avec des dénonciations parfois hasardeuses, nuisant ainsi à l'efficacité de la Justice.

Face à de telles critiques, Bernard Bonnet ne désarme pas. Le rythme de son action est soutenu. La fatigue ne semble pas avoir de prise sur cet homme nommé en Corse le jour de ses 50 ans. Mais cette marche à la hussarde n'est pas comprise de tous. L'été 1998 semble à cet égard marquer un premier tournant. L'administration de la préfecture commence à traîner les pieds. Les députés de la commission d'enquête parlementaire présidée par Jean Glavany, alors député des Hautes-Pyrénées, devenu depuis lors ministre de l'Agriculture, ont été effarés par leurs découvertes : *« Un certain nombre de témoignages nous apportent la certitude que des carences du fonctionnement de l'État et des services publics étaient volontaires. Des consignes étaient données de ne pas embêter les gens. »* Or le préfet Bonnet sait que la préfecture doit être irréprochable s'il veut pouvoir conduire sérieusement une politique de remise en ordre de l'île. Il cherche donc à s'appuyer sur des fonctionnaires sûrs, et se montre d'autant plus directif.

L'épicurien mène une vie monacale

Bernard Bonnet n'a pas pour autant une vision figée de la Corse. Il est avide de connaissances, lit beaucoup, notamment des ouvrages historiques. Il regrette amèrement l'absence d'une élite assez nombreuse dans l'île.

Selon lui, il serait indispensable que la jeunesse insulaire entre davantage en contact avec le monde extérieur. À son avis, il faut la faire sortir d'Ajaccio et de Bastia. Pour cela, il souhaite l'implantation de pôles universitaires *« à haute valeur ajoutée »*, en collaboration avec des universités méditerranéennes comme Barcelone.

Mais son action se heurte vite à l'hostilité d'élus de premier plan. Aux yeux de Bernard Bonnet, ceux-ci ne veulent rien changer. Le système corse a été mis en place par leurs soins. Ils souhaitent le maintien d'une société qui diabolise l'État afin que perdurent les prébendes dont ils disposent. Très vite, en tout cas, le nouveau préfet est convaincu qu'il ne bénéficiera pas du soutien de la classe politique insulaire. Alors qu'*« au contraire, il avait reçu beaucoup d'élus dans les Pyrénées-Orientales »,* se souvient l'un de ses proches. Comme à son habitude, il décide de contourner l'obstacle et invite régulièrement les maires de petits villages à le rencontrer. Lors de ces entrevues, il leur expose son plan pour la Corse.

Mais l'île est un gros bourg de 250 000 habitants. Tout le monde se connaît, fait fi des étiquettes politiques. Même engagés dans un parti, les élus sont avant tout corses. Ils ne comprennent pas ce préfet qui ose s'en prendre à José Rossi (Démocratie libérale) ou à Émile Zuccarelli (MRG). *« Qui est donc ce préfet zélé ?* interroge ainsi un conseiller général de Corse-du-Sud. *Pour qui se prend-il pour oser me dire que José Rossi n'est pas digne d'avoir été ministre de la République ? »*

Il y a une dizaine d'années, Paul Giacobbi, président MRG du Conseil général de Haute-Corse, n'avait pas craint d'annoncer en séance plénière, devant le préfet subjugué : *« La légitimité, en Corse, ce sont les élus qui l'ont. Pas vous, monsieur le préfet. Sans nous, la France n'est rien ici.* » Bernard Bonnet a pu croire qu'avec l'assassinat de Claude Érignac les choses avaient changé. Les élus insulaires paraissaient discrédités. Leur double langage – fermeté à Paris, laxisme en Corse – ne convainquait plus personne. C'était à lui d'agir.

Mais son emprise constante sur l'activité des services de l'État commence à lui peser physiquement. À l'automne, il connaît une première alerte : ses jambes le font souffrir. Il paraît de plus en plus fatigué. Du coup, il cherche à s'appuyer avec un plaisir apparent sur la presse. Il instaure une ambiance conviviale, de quasi-connivence avec les journalistes. Il s'amuse manifestement des questions embarrassantes posées à certains hauts fonctionnaires, bien en peine de fournir des explications au sujet de telle ou telle affaire à propos de laquelle leurs services se retrouvent sur la sellette.

Sa décontraction cache toutefois une tension certaine. Un bruit inattendu le fait tressaillir, même s'il se ressaisit aussitôt. Selon sa fille, ce bon vivant mène une existence monacale : *« Son programme quotidien ? Je me lève, je vais travailler, je reviens déjeuner rapidement et je repars travailler... Le soir, il faisait une pause pour revenir dîner, et il repartait. Papa aime beaucoup marcher et faire du footing. Il allait courir vers la plage de Capo et se déplaçait toujours avec ses gardes du corps. Je ne l'ai vu qu'une fois sans eux. Il était inquiet. Une seule fois en quinze mois, alors qu'auparavant il adorait partir marcher seul, avec une pomme et une bouteille d'eau. »*

À l'été 1998, l'enquête sur l'assassinat de Claude Érignac n'avance pas comme il le souhaite. Ses rapports avec les policiers sont devenus plus que méfiants. Et l'opinion, sur laquelle il compte beaucoup, ne comprend pas l'acharnement excessif dont il fait preuve dans sa « guerre des paillotes », qu'il veut détruire. *« Il donnait parfois l'impression de somatiser,* ajoute un haut fonctionnaire insulaire. *Des plaques rouges apparaissaient sur son visage, de façon brutale. »* Bernard Bonnet se sent de plus en plus seul.

L'accident opératoire de Jean-Pierre Chevènement constitue pour lui une épreuve. On l'a vu, il partage les conceptions hautement républicaines de son ministre. Et ses façons de faire professionnelles. Or il doit cette fois traiter avec Patrice Bergougnoux, directeur adjoint de cabinet. Ce dernier n'a pas les faveurs du préfet Bonnet qui l'estime trop proche des policiers. À ses yeux, il n'a pas su faire le « ménage » dans les prétendus « réseaux Pasqua » dont l'existence et l'action paraissent obséder le nouveau préfet de Corse. Quant à Philippe Barret, qui devient son interlocuteur régulier place Beauvau, il ne le séduit que partiellement. Il estime qu'il n'a pas assez de pouvoir et n'est pas totalement sûr de ce conseiller politique qu'il considère plutôt comme un dandy dont il convient de se méfier.

En relation suivie avec Clotilde Valter à Matignon, Bernard Bonnet redoute la conseillère du Premier ministre ; il la juge « agitée ». En fait, seul Olivier Schrameck, directeur de cabinet de Lionel Jospin, trouve véritablement grâce à ses yeux. Il est séduit par son intelligence. Au reste, il n'a jamais formulé la moindre critique à son encontre, pas plus qu'envers Lionel Jospin ou Jacques Chirac. Bernard Bonnet semble fasciné par le pouvoir.

Il rencontre à neuf reprises Olivier Schrameck, ce qui est rare pour un préfet. Ces entretiens l'impressionnent et le marquent. Il est convaincu de jouer à présent dans la cour des « grands ». Pour lui, la Corse est une préoccupation majeure du gouvernement ; sinon, il n'y aurait aucune raison que le directeur de cabinet du Premier ministre le reçoive aussi fréquemment.

Bernard Bonnet n'est pas un homme simple et spontané. Devant les gendarmes, lors de sa garde à vue, le 4 mai à 17 h 40, il dévide ainsi son *curriculum vitae* : *« Je suis l'aîné d'une famille de trois enfants. J'ai un frère, René, âgé de 50 ans, et une sœur, Béatrice, âgée de 40 ans. Mon père et ma mère demeurent actuellement à Manosque. Mon père est un officier retraité de l'armée ; ma mère n'a pas exercé de profession. Après une scolarité primaire d'abord en Allemagne où servait mon père, puis à Privas, en Ardèche, j'ai intégré le secondaire à Montélimar. Je suis resté au lycée Étienne-Borne de la sixième à la terminale. J'ai obtenu mon baccalauréat "philosophie" en 1965. J'ai passé le concours d'auxiliaire des impôts et, dans le même temps, je suivais des cours à la faculté de droit à Lyon. En 1967, j'ai intégré l'École nationale des impôts à Clermont-Ferrand, établissement dans lequel j'ai obtenu ma licence en droit public. J'ai ensuite été nommé inspecteur des impôts dans la Seine-Saint-Denis. »*

Les sommets attirent Bernard Bonnet. En 1974, il est admis à l'École nationale d'administration (ENA). Il fait partie de la promotion « Guernica », ce qui ne manque pas de saveur pour un jacobin : Guernica est ce village basque de Guipuzcoa, bombardé par les avions allemands le 26 avril 1937, qui a donné son nom à la fameuse toile de Picasso ; le statut d'autonomie basque a été justement baptisé « statut de Guernica »... Au cours de ses années d'ENA, Bernard Bonnet croise Christian Vigouroux, actuel directeur de cabinet d'Élisabeth Guigou place Vendôme : c'est donc ce haut fonctionnaire qui suivra, à partir de mai 1999, le sort réservé à son ancien camarade de promotion. Leurs relations n'empêcheront pas Bernard Bonnet de s'en prendre vigoureusement à Élisabeth Guigou, le jour où il quittera la prison de la Santé, le 2 juillet... Jacques Fournet, ancien directeur central des Renseignements généraux, proche du PS, et Yves Thibault de Silguy, commissaire européen en charge de la mise en place de l'euro, figurent également dans les rangs de la promotion « Guernica ».

À sa sortie, la préfectorale l'accueille. En 1976, il est directeur de cabinet du préfet de Vendée. En 1978, il occupe le même poste dans le Pas-de-Calais. Puis, en 1980, il devient secrétaire général de la préfecture de l'Aude. En 1982, Bernard Bonnet rejoint l'administration centrale du ministère de l'Intérieur. Il y occupe notamment les fonctions de sous-directeur des personnels et de sous-directeur du corps préfectoral. En janvier 1991, on l'a vu, il est nommé en Corse comme préfet adjoint pour la sécurité. L'action de la police l'intéresse au plus haut point. En novembre 1992, il est nommé directeur central de la police territoriale à la direction générale de la police. Il a laissé un souvenir mitigé parmi les policiers avec qui il travaillait. Un an plus tard, après la défaite de la gauche aux élections législatives, il devient préfet des Pyrénées-Orientales.

La lente dérive du préfet Bonnet

Bernard Bonnet n'est pas né avec une cuillère d'argent dans la bouche. Il s'est construit au fil de ses nombreuses expériences. Tout dans sa démarche le rappelle. L'homme a l'esprit vif et exprime ses opinions avec un remarquable sens de la formule... bien qu'il lui arrive de se laisser déborder par ses propres bons mots. *« Pour lui, rien n'est neutre,* explique un de ses anciens collaborateurs. *Il se place sans cesse dans un dédoublement de la personnalité. Il est acteur et, dans le même temps, observateur. Il se regarde agir. Il observe l'effet qu'il produit sur son interlocuteur. »* Les journalistes corses qui l'ont connu en 1991 furent surpris de voir un jour ce préfet adjoint à la sécurité tester sur eux le discours qu'il allait reprendre quelques heures plus tard au cours d'une réunion publique.

Cet aspect du personnage a troublé les membres de son cabinet qui le voyaient répéter devant une glace tel ou tel rôle qu'il aurait à interpréter plus tard. *« Bernard Bonnet calculait tout. Il minutait son temps de présence dans les manifestations officielles. Il répétait ses petites phrases, étudiait ses postures. Il se conditionnait comme un boxeur avant un combat »,* raconte un de ses proches collaborateurs. Un de ses amis se montre plus sévère encore : *« Sa seule spontanéité est caustique, presque corrosive. Il ne dit jamais du bien d'un collaborateur sans avoir pesé l'effet produit. »* Pourtant, le préfet n'était pas avare de compliments vis-à-vis de ses plus proches conseillers. Simplement, chez lui, les satisfecit faisaient partie des moyens de gouvernement.

C'est au contact du pouvoir politique que Bernard Bonnet s'est forgé ce trait de caractère. Quand Jean Glavany se rend en Corse en tant que président de la commission d'enquête parlementaire, le préfet lui ouvre toutes les portes : *« Bonnet nourrissait Glavany de toutes les informations qui lui étaient nécessaires,* raconte un membre du cabinet du préfet. *Il investissait dans l'avenir. Il savait ainsi que le rapport lui serait favorable, qu'il pourrait asseoir sa politique sur ce document. »* Pour autant, l'homme n'est pas tendre envers le personnel politique : *« Il méprise ceux qui n'ont pas de projets. En cela, la rigueur de Jospin le fascinait »,* précise un de ses amis.

Faut-il pour autant diaboliser le préfet Bonnet ? L'homme savait se montrer fin et charmeur. Il savait relativiser son action. Face aux journalistes parisiens, il pouvait être attentif et pédagogue. En tout cas, il n'avait rien de cet homme cassant et autoritaire décrit par les fonctionnaires travaillant sous ses ordres. *« À la lumière des derniers événements, Bernard Bonnet est apparu comme un personnage complexe, à plusieurs facettes,* souligne un conseiller de Lionel Jospin. *Il avait à Paris un discours très cohérent, en rien boute-feu... »*

Pendant l'incarcération du préfet de Corse, le clan Bonnet s'est ressoudé autour de lui. Le fils, Stéphane, a créé un comité de soutien rassemblant des personnalités hétéroclites. La mère a accordé une interview pour défendre son mari. La fille se bat bec et ongles pour le protéger. Selon un ami de la famille, le clan Bonnet n'était pourtant pas si uni : *« Seule sa fille semblait trouver grâce à ses yeux. Il voulait faire d'elle une énarque. Mais elle suit des études de lettres à Paris. Il n'apprécie que modérément le caractère, pas assez volontaire à son goût, de son fils qui travaille dans une banque. Son épouse Christiane avait parfois la dent dure. Lors de dîners, il lui arrivait de répondre vertement à son mari :* "Arrête de parler avec des périphrases ! Il n'y a que toi qui te comprends." *Il paraissait chaque fois surpris d'être ainsi contredit. »*

La rencontre du préfet avec Gérard Pardini et le colonel Henri Mazères ne pouvait être que détonante. Elle fut... incendiaire !

Le directeur de cabinet est totalement dévoué à Bernard Bonnet. Il met souvent de l'huile dans les rouages. Sa chaleur séduit. Les gendarmes du GPS qui assurent sa protection parlent d'un homme sympathique. Pourtant, l'arrivée de Gérard Pardini en Corse s'accompagne d'un déchirement : il est alors en train de divorcer. Il pense beaucoup à ses enfants qu'il ne cessera jamais de voir pendant les congés scolaires.

Gérard Pardini a les défauts de ses qualités. Il apparaît souvent un brin immature. Il est passionné d'armes à feu. Son fusil mitrailleur M16 le fascine, tout comme l'arme de poing qu'il a fait transformer en lampe de bureau. Souvent, il rêve d'action. Il ne manque jamais de rappeler avec des airs mystérieux qu'il a travaillé pendant deux ans à la DGSE, le service d'espionnage français. Mais, à l'époque, il était bien éloigné de l'action directe : il faisait partie de ces fonctionnaires chargés d'analyser les télégrammes diplomatiques. Pardini parle doucement. Il affiche une forme de nonchalance qui donne parfois à penser qu'il est un « fatigué de naissance ». Il bâille plus souvent qu'il ne faut.

Comme si aucun ingrédient ne devait manquer à ce huis clos préfectoral, la vie privée de Gérard Pardini vient à croiser celle de Bernard Bonnet. À l'occasion de vacances scolaires, il rencontre la sœur du préfet. Une sorte de coup de foudre les réunit. Elle vit seule avec ses trois enfants. Dans la foulée, le directeur de cabinet lui trouve du travail à Air France, à Ajaccio, et ils emménagent ensemble.

Depuis l'incarcération des deux hommes, la famille Bonnet se retrouve éclatée : la sœur du préfet ne comprend plus son frère et soutient son compagnon.

Sans doute au terme d'une réflexion tardive, Gérard Pardini a compris, vers la fin de sa garde à vue, l'ampleur de la bêtise qui venait d'être commise avec l'incendie des paillotes. Au bout de quarante heures, le 5 mai 1999 à 16 heures, il a décidé de prendre la plume afin de livrer sa version des faits[1] : *« L'honneur me commande aujourd'hui de révéler les faits dont j'ai pu avoir connaissance sur cette affaire dite de la "paillote". Cette affaire strictement locale n'est en rien une affaire d'État. Elle ne mérite pas non plus que la vie de beaucoup de personnes soit brisée ou, encore pire, poussée à la désespérance ultime... »*

Dans cette confession rédigée d'un seul jet – on n'y relève qu'une rature –, Gérard Pardini accuse le préfet. À ce moment encore, il éprouve une réelle sympathie pour celui qui a été son patron pendant seize mois ; mais il ne subit plus son ascendant, cette emprise qui, selon lui, a conduit à de tels errements : *« Je réaffirme clairement que cet épisode malheureux n'est dû qu'à un enchaî-*

1. Voir annexe 1.

nement de pressions tellement fortes que nous avons tous pu abandonner les uns ou les autres, à des degrés divers, une partie de nos facultés d'analyse et de jugement. »

Le début de l'année 1999 est en effet une suite de crève-cœur pour Bernard Bonnet. Avec les fuites sur l'enquête relative au meurtre de Claude Érignac, au début de février, les rumeurs d'enquête parallèle ne cessent de défrayer la chronique. Lionel Jospin doit défendre son gouvernement contre le harcèlement de l'opposition qui déjà évoque un « cabinet noir ». Non, réplique en substance le Premier ministre, il n'existe pas d'écoutes illégales pratiquées en Corse. Non, les gendarmes ne poursuivent pas leurs investigations sur l'attentat perpétré contre la gendarmerie de Pietrosella, dont ils ont été dessaisis par le juge Gilbert Thiel. Le 13 février, Lionel Jospin se veut encore plus solennel pour mettre un point final aux attaques de l'opposition : *« Aucune enquête parallèle à l'enquête judiciaire n'a été menée après l'assassinat du préfet Claude Érignac en Corse. »* Pour l'affirmer, il s'appuie sur une note de cinq pages que lui a remise Bernard Bonnet. Cette note, dont l'existence a été révélée par *Le Monde,* est en fait la dernière cartouche tirée par le préfet de Corse. Il s'y livre à un réquisitoire féroce contre les acteurs judiciaires de l'enquête sur la mort du préfet Érignac :

« Si un minimum de coordination avait existé entre les magistrats instructeurs, d'une part, les différents services de police et de gendarmerie, d'autre part, les enquêtes auraient pu progresser de manière non cloisonnée. Cette carence de coordination est confondante [...].

« Une source humaine dont l'identité est révélée personnellement à M. Marion au cours de l'été 1998 livre

plusieurs informations directement au préfet de Corse. Cette source [interpellée par la DNAT en novembre 1998] *refuse fermement la proposition de donner ses informations aux enquêteurs. Elle précise que, lors de son interpellation, le commissaire Frizon, de la DNAT, lui a reproché de s'être adressée au préfet plutôt qu'à la police.*

« Les affirmations d'enquête parallèle, publiées par Le Monde, Le Point *et l'*AFP, *sont fausses, mais elles arment la campagne de déstabilisation. Ce montage indigne est partiellement signé lorsque l'on connaît l'intérêt porté aux services secrets ou spéciaux par l'un des magistrats instructeurs* [Bernard Bonnet désigne ici sans le nommer Jean-Louis Bruguière]. *»*

Les explications du préfet semblent avoir convaincu le Premier ministre. Mais, la semaine suivante, *Le Point* publie un fac-similé d'une fiche d'alerte du centre opérationnel de la gendarmerie à sa direction générale. Selon cette fiche, la DPSD (Direction de la protection et de la sécurité de la Défense, anciennement Sécurité militaire) signale, le 29 janvier 1999 à 18 h 43, que *« deux personnes ont des renseignements sur l'homicide : Filidori Mathieu et Baggioni Jean ».*

Mathieu Filidori, à cette époque, est encore soupçonné d'être l'auteur ou l'inspirateur des textes de revendication du « groupe des anonymes » qui a perpétré l'assassinat du préfet. Il a, depuis, été disculpé.

Le cas de Jean Baggioni est encore plus épineux. Le président RPR de l'exécutif de l'Assemblée de Corse paraît bien éloigné de cette affaire. Mieux : il passe pour un des élus de droite tout à fait épargnés par l'opération « Mains propres » engagée par les représentants de l'État. Furieux, Jean Baggioni s'est défendu avec la dernière énergie d'avoir été en possession d'informations, qu'il n'aurait pas divulguées, sur l'assassinat du préfet Claude Érignac. Le ministre de la Défense, Alain Richard, a été contraint d'annoncer l'ouverture d'une enquête de commandement. Selon lui, la mise en cause de tiers dans la fiche d'alerte était *« injustifiée »*.

Cette fois, c'en est trop pour le gouvernement. Bernard Bonnet est convoqué à Paris par Jean-Pierre Chevènement le 26 février 1999. Le ministre de l'Intérieur sermonne le préfet de Corse : il ne doit plus intervenir dans les enquêtes judiciaires en cours, qu'il s'agisse de celle sur l'assassinat du préfet Érignac ou de toute autre. Depuis plusieurs semaines, en effet, le ministère de la Justice ne cache plus son agacement devant ce préfet touche-à-tout qui confond vitesse et précipitation. Ses dénonciations médiatiques irritent le procureur général de Bastia, Bernard Legras. Celui-ci attend de l'autorité administrative une démarche sereine, seule garante d'enquêtes solides qui pourront conduire à des condamnations. Sans doute cette rivalité inspirera-t-elle en partie les déclarations de Bernard Bonnet à sa sortie de prison : *« J'affirme avoir été victime d'un complot. Pour être plus précis, d'un attentat judiciaire commis en bande organisée. Les auteurs de cet attentat m'ont volé deux mois de ma vie. »*

Bernard Bonnet est meurtri par cet entretien du 26 février avec son ministre. Il vit ces remontrances comme une injustice. Il partage avec Jean-Pierre Chevènement, on l'a vu, une même conception de la République. Les critiques qui lui sont adressées n'en portent que davantage. D'autant plus qu'il s'était réjoui *« comme un enfant* » de l'appel du ministre de l'Intérieur, deux mois plus tôt, le jour de Noël.

À son retour en Corse, le préfet Bonnet n'est plus tout à fait le même. Il a la sensation que quelque chose vient de se casser. Il affiche une grande lassitude. Gérard Pardini l'a constaté : selon lui, la période Bonnet touche à sa fin. Il n'est plus possible de faire avancer les choses comme c'était le cas quelques mois auparavant. Bref, il est temps, pour le préfet, de quitter la Corse. Sa propre fille lui a d'ailleurs conseillé de rentrer sur le continent. Mais il veut à tout le moins attendre le 31 octobre et assister à l'épilogue du dossier « Paillotes ».

C'est à compter de cet instant que s'est mise en branle la machine infernale qui va conduire aux incendies. Neuf jours après sa rencontre avec Jean-Pierre Chevènement, les élections territoriales sont un nouveau coup de semonce pour l'action de Bernard Bonnet : ce 7 mars, les nationalistes enregistrent une poussée électorale. Le soir même, la paillote *Aria Marina*, sur la route des Sanguinaires, est partiellement incendiée par Gérard Pardini et le colonel Henri Mazères à l'aide d'un briquet appartenant à Bernard Bonnet mais que ce dernier dément leur avoir remis.

Un mois plus tard, le 9 avril, la destruction légale de deux paillotes par le génie militaire, sur la plage Mare e Sole, tourne au fiasco : Bernard Bonnet est contraint d'accepter de repousser l'opération jusqu'après la saison touristique.

Dans la nuit du 19 au 20 avril, cinq gendarmes du GPS incendient la paillote *Chez Francis*. Débute alors la chronologie d'une lente descente aux enfers, celle d'un préfet tout-puissant qui n'a, semble-t-il, pas supporté d'être tancé par son ministre, ni de se voir dépouiller d'une partie de ses prérogatives dans l'enquête qui lui tenait le plus à cœur : celle ayant trait à l'assassinat de son prédécesseur.

Chapitre 3

Le plan anti-paillotes du préfet Bonnet

Cala d'Orzu : « Crique du blé », en corse. À un peu moins de cinquante kilomètres au sud d'Ajaccio, la plage de Cala d'Orzu est un de ces lieux auxquels il est impossible d'accéder par hasard. Seul un panneau indicateur mentionne la direction du restaurant *Chez Francis*. Là débute la descente vers la mer, sur un chemin à peine carrossable au sortir de l'hiver. Les pluies ont raviné le terrain. Les ornières le disputent aux nids-de-poule. Au terme de trois kilomètres incommodes, le spectacle est magique. C'est un de ces petits coins de paradis dont la Corse a le secret. Une plage d'argent adossée à la montagne, quelques pins parasols et une eau bleue de mer du Sud. À l'entrée de la plage, la paillote *Chez Francis* est la dernière survivante. Depuis l'intervention du préfet Bernard Bonnet contre ces restaurants de plage, ses deux concurrents ont fermé : les planches ont été démontées, les dalles de béton détruites.

Les paillotes, en Corse, sont une tradition. Certes, cela fait des lustres qu'elles sont érigées illégalement sur les plages du domaine public maritime. Certes, elles présentent des conditions d'hygiène souvent à la limite du douteux. Certes, les « pailloteurs », ces restaurateurs atypiques, n'ont qu'une idée fort succincte des déclarations fiscales. Certes, ils ne paient pas de loyer. Certes... Mais il s'agit d'une particularité corse. Et le fait de toucher à ce particularisme a été vécu comme une agression par bon nombre d'insulaires. Les Corses sont nombreux à souhaiter une réglementation plus stricte et mieux appliquée pour ces restaurants d'un type un peu spécial. Mais ils demeurent farouchement opposés à leur disparition.

Chez Francis n'échappe pas à la règle. Créée il y a vingt-cinq ans par Francis Féraud, cette paillote est un des endroits courus où il est parfois bon de se montrer. À la mort de son père, il y a trois ans, Yves Féraud, jusque-là pêcheur, et qui le fournissait en poissons, a pris la relève. Première année, premier incendie ! La famille Féraud ne compte pas que des amis. Sa réussite suscite des jalousies. Le transformateur qui le fournit en électricité et son bateau ont été la cible d'attentats. Pourtant, Yves Féraud a tout du bon garçon. Rondouillard, un sourire permanent au coin des lèvres, il respire la joie de vivre. L'été, il aime à se retrouver près du grill, sur le côté de sa paillote. Les vacanciers y apprécient une ambiance proche de celle du « Club Med ». Les plus fortunés viennent par mer depuis l'extrême sud de l'île, notamment de Spérone. Jacques Séguéla, Bernard Kouchner, Bernard Tapie ou Philippe Gildas occupent là de grands chalets de hêtre rouge, savamment disposés autour d'un des plus beaux golfs d'Europe. Les autres cheminent jusque *Chez Francis* par la route, et même en autocar. Jean-Paul Belmondo, Johnny Hallyday se sont parfois encanaillés dans cette paillote. Le préfet Claude

Érignac, qui aimait à passer de longues heures à vélo, rendait parfois visite à Yves Féraud, et ce, malgré les décisions de justice condamnant l'établissement à la destruction. Bernard Bonnet, lui, n'y a jamais mis les pieds : *« Je connais la paillote Féraud uniquement parce qu'elle a fait l'objet d'une décision de justice. »* Comme il en va pour tout lieu fréquenté et prisé par le show-biz, on y tenait un livre d'or ; mais celui-ci a brûlé dans l'incendie. En tout cas, la présence de personnalités n'a jamais tourné la tête à Féraud : *« Je serre la main de tout le monde. Anonymes ou vedettes, il n'y a pas de différences... du moment qu'ils paient leur addition ! »*

Un verre à la main, allant de bras en bras, il rayonne de bonheur, ce samedi 29 mai, quand, après plusieurs semaines de travaux, il peut enfin ouvrir à nouveau son restaurant. Le 3 mai, quelques heures avant d'être placé en garde à vue, Bernard Bonnet a autorisé sa reconstruction. Les journalistes s'y sont empressés à l'heure du déjeuner. Seule une petite dizaine est encore là, le soir, pour écouter le groupe Isulla Bella entonner la chanson des gendarmes malheureux sur l'air de *La Ballade des gens heureux* :

Je vais vous raconter l'histoire
d'une paillote qui a pris feu.
Je vais vous chanter la ballade
des trois gendarmes malheureux.
Cela s'est passé sur une plage
à Cala d'Orzu, un coin de ciel bleu.
L'histoire a tourné vite au drame
pour nos gendarmes malheureux.
Cette nuit-là, sur cette plage

Nos trois gendarmes en tenue bleue
n'avaient apporté pour seule arme
qu'un peu d'essence pour mettre le feu.
Oui mais voilà, nos trois gendarmes
se sont fait prendre comme des bleus.
Ils ont détalé comme des ânes
en oubliant tout derrière eux.
La morale de notre histoire,
c'est que si tu as un voisin qui t'en veut,
alors appelle la brigade,
la brigade des gendarmes malheureux.

Bonnet face à un juge pugnace

Quelle mouche a donc piqué Bernard Bonnet pour vouer une telle détestation aux paillotes ? Le 18 mai 1998, soit onze mois avant l'incendie de *Chez Francis*, le préfet sensibilise son cabinet à la question du domaine public maritime. Il n'est pas encore question des paillotes. Il se contente de demander que soit établi un état des lieux, avec photos à l'appui.

Bernard Bonnet est persévérant. Quand il a un sujet de préoccupation, il y revient régulièrement. Le lendemain, il charge son directeur de cabinet, Gérard Pardini, de réfléchir aux problèmes posés par l'urbanisme sur le domaine maritime réputé inconstructible. Le 20 mai, soit le surlendemain, il s'emporte contre les services de l'État ; il s'étonne que la direction départementale de l'Équipement refuse d'instruire les dossiers de permis de construire qui permettraient aux restaurants de plage d'exister en toute légalité. La DDE, selon lui, prétexterait qu'il entend détruire ces constructions illégales. Mais ces établissements ne constituent pas encore sa préoccupation majeure. Bernard Bonnet est tout autant intéressé par les pontons en béton et autres digues construits de manière tout aussi illégale. L'essentiel de ces aménagements a d'ailleurs été détruit en mars dernier par le génie militaire.

Ce n'est que dix jours après cette première réunion qu'apparaît le dossier « Paillotes ». Le 30 mai 1998, Bernard Bonnet demande à son cabinet de ne pas négliger les restaurants de plage. Il prend pour exemples ceux de Coti-Chiavari. La plage de Cala d'Orzu et son restaurant *Chez Francis* sont situés sur le territoire de cette commune. Quarante-huit heures plus tard, le 2 juin, Bernard Bonnet a arrêté son plan : les démolitions de paillotes débuteront en octobre. Entre-temps, il charge ses services d'établir un recensement « plage par plage ».

Depuis une semaine, en ce début d'été 1998, Bernard Bonnet est contrarié. Il se trouve en opposition constante avec la police, qu'il soupçonne d'être restée fidèle à l'ancien ministre de l'Intérieur, Charles Pasqua. Un brin désabusé, il déclare en substance, lors d'une réunion de cabinet, le 27 mai, selon le témoignage d'un des participants : *« Tout doit se faire ici au plan local. À Paris, personne n'attend rien de mon action. La police est incompétente et ne m'aide pas. »* Le 10 juin, lassé de *« l'inaction de la justice »*, il change de stratégie : *« Dorénavant, on va jouer en s'appuyant sur la gendarmerie et les médias nationaux »*, confie-t-il, toujours selon le même témoin, aux membres de son cabinet.

Durant tout l'été, le dossier « Paillotes » occupe les conversations des insulaires. *« N'y a-t-il rien de plus important à faire que de s'en prendre à quelques restaurants bien agréables à fréquenter ? »* disent la plupart des Corses. Les Renseignements généraux tentent d'attirer l'attention du préfet sur l'effet désastreux qu'auraient ces destructions de paillotes sur la perception de la politique qu'il conduit depuis quatre mois. Les élus insulaires se gaussent de *« ce préfet enfermé dans son bunker du palais Lantivy* [la préfecture d'Ajaccio], *qui veut détruire les restaurants de plage »*. Mais Bernard Bonnet n'entend pas renoncer : le 12 juin 1998, il est reçu à Matignon pendant une heure par Olivier Schrameck, directeur de cabinet de Lionel Jospin. Il en ressort ragaillardi, assuré, confie-t-il à un proche, du *« plein soutien du gouvernement dans son choix de s'appuyer sur la gendarmerie et les médias »*.

Cependant, l'accident opératoire de Jean-Pierre Chevènement, en septembre, sonne le glas de ses espoirs : le préfet de la Corse ne se sent pas assez soutenu pour entreprendre les destructions de paillotes. Par ailleurs, une préoccupation chasse l'autre : il vient de se trouver un précieux informateur pour faire progresser l'enquête sur l'assassinat de son prédécesseur, Claude Érignac[1]. Bernard Bonnet en oublie presque le domaine maritime et ses paillotes ! Rien ne se passe donc à l'automne, ni au cours de l'hiver.

Devant le juge Patrice Cambérou, le 21 mai 1999, dans la salle des confrontations du palais de justice de Paris où le magistrat ajaccien s'est déplacé, le préfet, évoquant

1. Voir chapitre 8.

ces épisodes, paraît faire montre d'une mémoire plus sélective. L'entretien est tendu. Âgé de 30 ans seulement, c'est par un pur effet du hasard que le juge Cambérou a été désigné pour instruire l'incendie de la paillote *Chez Francis*. Il venait tout juste d'être installé à l'instruction, cinq jours avant d'être saisi d'une affaire d'État ! Il remplace en effet son épouse, Danielle Salducci, en congé de maternité. Ce passionné de moto était de permanence. Et le voilà confronté à l'affaire la plus importante de sa jeune carrière ! Autre paradoxe ou coïncidence : le juge avait effectué son stage de magistrat dans les Pyrénées-Orientales lorsque Bernard Bonnet y était préfet !

En quelques jours, Patrice Cambérou s'est forgé une réputation d'homme à poigne, à l'esprit indépendant. Il assume le poids de cette instruction à hauts risques, protégé par la police. Son épouse, enceinte, est sur le continent. Pour que l'instruction ne perde pas de temps, il a sollicité la désignation de deux autres juges. Jean Guary, 49 ans, est en poste à Ajaccio depuis trois ans. Ce n'est pas un mystère, au palais de justice d'Ajaccio, qu'il n'apprécie pas Bernard Bonnet ; alors qu'il instruisait le scandale du Crédit agricole, le préfet avait été un ardent partisan de son dessaisissement au profit du pôle économique et financier de Bastia, mis en place pour lutter contre la délinquance économique et financière sur l'île. Un autre jeune juge, Christophe Latil, 35 ans, complète le trio.

Malgré son âge, le juge Cambérou n'entend pas se laisser impressionner par Bernard Bonnet. Il rappelle régulièrement à l'ordre le préfet : *« Je vous demande une réponse précise aux questions que je vous pose*, lui déclare-t-il non sans solennité lors de son interrogatoire du 21 mai. *Je vous demande également de ne pas me poser de questions, ni d'essayer de mener l'interrogatoire. »*

Lors de ce premier interrogatoire par le juge, le préfet tient en effet à donner sa propre version des faits : *« Je souhaiterais vous dire que les Français semblent assez troublés par cette histoire. Vous qui lisez le courrier qui m'est adressé* [à la prison de la Santé], *vous pouvez le mesurer »*, indique-t-il dans une déclaration liminaire. *« Lorsque je suis arrivé en Corse en février 1998*, rappelle-t-il, *après l'assassinat affreux de Claude Érignac et malgré les efforts considérables de celui-ci, environ quatre-vingts décisions de justice ordonnant des destructions de constructions illégales n'avaient pas été exécutées. Dans la politique que le gouvernement m'a demandé de conduire pour le rétablissement de l'état de droit, c'est l'un des problèmes auxquels j'ai voulu m'atteler. »*

Bernard Bonnet estime avoir connu un certain succès *« puisque, au printemps 1998, quelques décisions ont été exécutées, et une vingtaine l'ont été en mars et avril 1999. Je suis donc parvenu partiellement à un résultat, avec l'aide des services du génie. En un an, trente constructions illégales* [essentiellement des digues et autres jetées en béton] *ont été légalement détruites »*.

Mais le préfet reconnaît qu'il s'est heurté à des résistances quand il s'est agi de raser les paillotes. Lui qui avait promis *« du sport »* dans une lettre adressée depuis la Santé, deux jours avant son audition, à un journaliste du quotidien régional *Le Midi libre*, tient à expliquer avec *« une certaine solennité... les difficultés et les résistances.*

Je ne peux pas occulter les responsabilités de qui que ce soit... »

Bonnet, Léotard et Rossi

Pour le préfet, la *« première cause des difficultés, c'est la cristallisation d'un sentiment d'impunité judiciaire ».* Il dénonce les classements sans suite des procès-verbaux par le parquet : *« Ce sentiment d'impunité judiciaire est tellement fort que lors de l'émission "Envoyé spécial", sur* France 2, *en novembre 1998, le propriétaire de la paillote Féraud a pu déclarer devant des millions de Français :* "Je sais que je suis dans l'illégalité, mais je vais y rester." *Quelle réaction à de tels propos stupéfiants ?* s'interroge le préfet de Corse. *Aucune. »*

Bernard Bonnet le reconnaît : lui-même est sidéré par ces déclarations. Le colonel Henri Mazères estime que le plan anti-paillotes a germé dans l'esprit du préfet dès le mois de février 1999 : *« Nous avons discuté avec le préfet et M. Pardini de cette répétition d'incendie »*, déclare-t-il au juge Cambérou, le 7 mai. Mais le colonel Mazères n'est pas convaincu de l'utilité de ce plan illégal de destructions des paillotes par les flammes : *« Il pouvait, si elles se réalisaient, laisser penser, du fait de leur répétition, à des actions pouvant provenir de l'État. Le cap n'a pas changé... »*, semble regretter *a posteriori* le colonel de gendarmerie.

Bernard Bonnet a une version bien différente. Après avoir expliqué le contexte et mis en cause la Justice dont l'attitude diffuse selon lui un sentiment d'impunité, il estime que la *« date-charnière »* du dossier « Paillotes » se situe le 6 avril 1999, et non pas en février. Ce jour-là, le préfet de Corse tient une réunion avec l'ensemble des intervenants concernés par la gestion du domaine public maritime. Le secrétaire général de la préfecture, le directeur régional de l'Équipement et le directeur du Conservatoire du littoral y assistent. Selon Bernard Bonnet, *« ce plan* [de destructions légales] *devait se dérouler du 9 au 30 avril 1999 et concernait la paillote Féraud parmi une dizaine d'autres. Ce plan avait été défini parce que l'ensemble des exploitants sans titre de ces paillotes, condamnées judiciairement à la destruction, avaient fait l'objet de plusieurs mises en demeure légales depuis la fin de l'année 1998 et au printemps 1999 ».*

Et Bernard Bonnet, confronté aux accusations du colonel Mazères et à celles de son ancien directeur de cabinet Gérard Pardini, de s'emporter : *« Deux choses. La première : j'étais chargé de mener une politique d'établissement de l'état de droit. Je ne donne pas d'instructions illégales. J'applique la loi. La seconde : j'observe que lorsque des faits sont prêtés à des témoins* [en fait, Mazères et Pardini, mis en examen], *dès lors qu'ils sont confondus, ils en reconnaissent la réalité et battent leur coulpe sur la poitrine du voisin, en l'occurrence du préfet. Je n'ai rien à ajouter. »*

Entendu le 28 mai, le colonel Henri Mazères accable en effet Bernard Bonnet. En février 1999, dit-il, *« lors d'une réunion avec le préfet et son directeur de cabinet, par réaction à ce que l'État subissait et aux pressions, il est décidé de monter des actions visant notamment des paillotes construites illégalement sur le domaine public maritime. Ce sujet sera évoqué à plusieurs reprises de manière insistante, à tel point qu'il est décidé d'incendier une paillote*, Aria Marina, *qui se situe sur la route des Sanguinaires »*. Cette paillote est faiblement endommagée le 7 mars. Au moment des faits, son propriétaire prétend avoir reconnu sur place Gérard Pardini, directeur de cabinet du préfet.

« Le soir du premier tour des élections territoriales, reprend le colonel Mazères devant le juge, *alors que je me trouvais à la préfecture avec le préfet, nous sommes partis avec M. Pardini, vers 22 heures, à bord d'une Renault Clio, incendier la paillote. Puis nous sommes revenus à la préfecture, à la satisfaction du préfet. »*

Quelques jours auparavant, le colonel et le directeur de cabinet avaient déjà emprunté cette voiture pour acheter dans une quincaillerie *B3*, à Ajaccio, des produits inflammables utilisés dans les poêles. Un vrai travail de scouts !

Bien qu'arrivé en Corse un an plus tôt à la demande du préfet Bernard Bonnet, Bertrand Cavallier n'est plus associé à aucune décision. C'est un chef d'état-major de la gendarmerie privé de tout contact avec la section des recherches et interdit de préfecture de région par son chef, le colonel Henri Mazères. Le 20 mars, il croise dans la cour de la caserne Battesti le jeune capitaine Norbert Ambrosse, patron du groupe de pelotons de sécurité, le GPS. *« Ça n'a pas l'air d'aller »*, lance le lieutenant-colonel au capitaine. Ce dernier lui révèle alors que le colonel Mazères envisage de lancer un « plan anti-paillotes ». Le sang de Bertrand Cavallier ne fait qu'un tour. D'après l'un de ses proches, il convainc alors le jeune capitaine de gagner du temps, de mener de faux repérages dans l'attente d'un « sursaut de conscience » du colonel Mazères.

L'action du lieutenant-colonel Cavallier ne s'arrête pas là. Il se rend dans le bureau du patron des gendarmes en Corse. L'explication est tendue. Un brin flagorneur, Henri Mazères, ingénieur en informatique, lance à son adjoint, sportif accompli : *« J'aurais aimé être, comme vous, un homme de commando. Eh bien moi, je viens de brûler une paillote*[1] *! »* Le chef d'état-major n'y croit pas. Pour lui, la gendarmerie ne peut être impliquée dans ce type de missions ! Le colonel Mazères persiste, et demande s'il serait possible de se procurer des explosifs. Face au veto catégorique de son adjoint, il reconnaît alors qu'il ne peut rien refuser au préfet Bonnet.

C'est donc tout naturellement que Bertrand Cavallier se rend chez le préfet avec qui il entretient alors des relations de confiance. *« C'était le seul à pouvoir résister au préfet »*, se souvient l'un de ses proches. La conversation entre les deux hommes est surréaliste. D'après son témoignage, le lieutenant-colonel Cavallier explique à son interlocuteur les risques encourus en cas d'échec de tels « coups tordus » contre plusieurs paillotes. Visiblement contrit, Bernard Bonnet aurait alors tenté une ultime démarche : *« Au moins* Chez Francis, *celle d'Yves Féraud. C'est une balance des Renseignements généraux »*, aurait déclaré en substance[2] le préfet de région (qui démentira). Il est vrai que Bernard Bonnet avait reçu quelques jours plus tôt un appel amical d'Yves Bertrand, directeur central des RG. En accord avec le cabinet de Jean-Pierre Chevènement, celui-ci attirait son attention sur le dossier « Paillotes » et sur son effet désastreux parmi l'opinion

---

1. Entretien de Bertrand Cavallier avec l'auteur.
2. D'après Bertrand Cavallier (entretien avec l'auteur).

locale. Ces recommandations cordiales s'étaient faites plus insistantes à propos d'Yves Féraud ; il s'agissait en fait d'obtenir un rendez-vous au patron de *Chez Francis* et de surseoir pour la période estivale à la destruction de sa paillote.

Ce 20 mars, le lieutenant-colonel Cavallier oppose alors un non catégorique et définitif au préfet. Quand il quitte la préfecture, non sans avoir salué l'épouse du préfet, il est intrigué par la mention spéciale réservée à ce Féraud, mais soulagé d'avoir, croit-il, désamorcé l'opération anti-paillotes. Il explique au capitaine Ambrosse que l'affaire est *« démontée »*. Il n'y a plus de plan secret visant plusieurs restaurants de plage. Et le lieutenant-colonel n'estime pas nécessaire d'informer la direction générale de la gendarmerie de ce qui n'est plus pour lui qu'une « non-affaire ». Longtemps, Bertrand Cavallier se sentira coupable de ne pas avoir informé sa hiérarchie. *« Mais,* corrige-t-il, *on aurait pris cette intervention pour une vengeance personnelle contre Mazères, alors que j'ai toujours été loyal. »*

Pourtant, dès le 9 avril, le dossier « Paillotes » redevient brûlant. À l'aube, sur le littoral au sud d'Ajaccio, le déploiement de forces est impressionnant. Au lieu-dit Mare e Sole, sur la commune de Pietrosella, deux VBRG (en fait, selon la version des gendarmes, ces engins blindés passaient là par hasard, à l'occasion d'une mission de roulement, comme tous les vendredis) et une flopée de gendarmes prennent position autour de deux paillotes, *La Plage d'argent* et *A Pinetta*. Le génie militaire a reçu l'ordre de procéder à la destruction de ces deux restaurants de plage, bondés dès les premiers rayons de soleil.

Le jour même, l'Assemblée de Corse doit examiner une motion consensuelle présentée par les nationalistes de Corsica Nazione. Elle demande de surseoir à la démolition des paillotes pour la saison estivale. Face au déploiement de forces, le patron de *La Plage d'argent*, Jean-Marc Gaggioli, appelle sa belle-mère, standardiste à l'Assemblée territoriale. Il prévient qu'il s'est retranché dans son établissement avec son épouse et ses deux enfants. En larmes, la standardiste alerte plusieurs élus, dont José Rossi, président de l'Assemblée territoriale, de ce qui est en train de se jouer sur la plage de Mare e Sole. De son côté, François Léotard, en vacances sur l'île, est avisé par Émile Carta, propriétaire d'*A Pinetta*, et se rend sur place. L'ancien ministre de la Défense téléphone à José Rossi pour lui expliquer que ce déploiement de forces lui semble excessif. Entre-temps, le GPS neutralise le propriétaire de la paillote.

Excédés par ce coup de force perpétré le jour même où ils doivent voter leur motion, les élus de l'Assemblée territoriale se rendent en délégation pour soutenir les « pailloteurs ». Parmi eux, sans doute le plus virulent, Yves Féraud apparaît comme un des dirigeants du mouvement de contestation. Près d'une centaine de personnes manifestent. Dans l'après-midi, une délégation d'une vingtaine d'élus est reçue par Bruno Delsol, secrétaire général de la préfecture, pour tenter de trouver une voie de conciliation. Dans la soirée, les tenanciers des restaurants de plage s'engagent, sous couvert de l'Assemblée territoriale, à démonter leurs établissements d'ici le 31 octobre. Et le préfet Bernard Bonnet renonce officiellement à procéder aux destructions avec l'appui de l'armée.

« Le colonel Mazères, qui avait géré ce déplacement de troupes, a extrêmement mal pris cette reculade, raconte un de ses proches. *Il en faisait une question d'honneur. »* Bernard Bonnet confirme devant le juge Cambérou : *« Le colonel Mazères a mal vécu la défaillance, dont il n'est pas responsable, de la gendarmerie locale. Cette défaillance s'est matérialisée par la pénétration sur le site d'un exploitant qui a essayé de créer un mini-fort Chabrol. »* En fait, les gendarmes du GPS intervenus sur place n'ont pas constaté que Jean-Marc Gaggioli était armé.

Si le colonel Mazères était courroucé par la tournure des événements, Bernard Bonnet l'était tout autant : *« Contrairement à mes instructions, le site de Mare e Sole n'a pas été suffisamment protégé pour rester étanche*, regrette-t-il devant le juge. *J'ai été obligé, après la journée du 9 avril, de demander au directeur général de la gendarmerie nationale le rappel anticipé du lieutenant-colonel Bernard Burstert* [patron de la gendarmerie en Corse-du-Sud]. *Ce manquement grave aux instructions données a permis à deux hommes politiques* [les anciens ministres José Rossi et François Léotard] *de créer les conditions d'une opposition à l'exécution d'une décision de justice. »*

Le colonel Mazères ne partage pas cette vision des faits : *« Il ne s'agissait pas d'un échec de la gendarmerie, comme le laisse entendre M. Bonnet*, se défend-il. *La non-démolition est liée uniquement à la non-intervention du génie présent sur les lieux. Le déménageur réquisitionné par la préfecture, l'entreprise de Petriconi, a fait une grève du zèle et a retardé volontairement l'opération. »* Pourtant, la gendarmerie avait pris soin de sélectionner l'entreprise qui gère les déménagements des gendarmes sur l'île...

Le préfet de Corse, ainsi qu'il l'a promis avant son audition, donne alors libre cours à ses griefs : « *En fin de matinée, François Léotard, présent sur les lieux et ami personnel d'un des exploitants concernés, s'est emporté violemment contre cette exécution d'une décision de justice. Devant le colonel du génie militaire, il m'a invectivé en des termes particulièrement sévères.* » Toujours prêt à croiser le fer, Bernard Bonnet répond, quelques jours plus tard, avec malice aux questions du journal *Corse Matin* à propos de la présence sur les lieux de François Léotard, impliqué naguère dans une fameuse affaire de « mur » à Fréjus : « *L'obligation de réserve m'oblige à bâtir un mur entre ma tentation de répondre à votre question et mon devoir de silence.* »

Devant le juge, le préfet de Corse règle également ses comptes avec José Rossi : « *Beaucoup plus gravement, avec un sens confondant de l'irresponsabilité, un ancien ministre de la République* [José Rossi a été ministre de l'Industrie dans le gouvernement d'Édouard Balladur], *président de l'Assemblée de Corse, en séance publique, en a appelé à la résistance démocratique et agitait le spectre d'Aleria. Je rappelle que des gendarmes étaient engagés sur le site et qu'à Aleria* [en 1975], *deux gendarmes avaient été tués lors de l'occupation d'une cave vinicole.* »

Bernard Bonnet reconnaît qu'il est excédé, ce soir-là, lors de sa réunion de travail quotidienne avec l'état-major de la préfecture : « *J'étais exaspéré par la défaillance de la gendarmerie et plus encore par les déclarations de MM. Léotard et Rossi. J'ai essayé de transférer ce qui était une défaite du droit en une espérance ultérieure de victoire légale, puisque sous la garantie de l'Assemblée de Corse.* »

Au cours de cette audition, Bernard Bonnet ne désarme pas ; il estime même que la responsabilité de François Léotard et de José Rossi est engagée dans la destruction de la paillote d'Yves Féraud, dix jours plus tard : « *Je considère que l'attitude de ces deux personnalités oublieuses de leurs responsabilités n'est pas étrangère à l'enchaînement des circonstances qui ont conduit aux événements de la nuit du 19 au 20 avril. En effet, si elles n'avaient pas encouragé ouvertement l'obstruction de ces décisions de justice, le plan que j'avais défini le 6 avril eût été appliqué. C'est-à-dire qu'après la plage de Mare e Sole auraient été appliquées les décisions de justice concernant Palombaggia* [près de Porto-Vecchio], *et ensuite la paillote Féraud.* »

Les drôles d'aveux

Le raisonnement de Bernard Bonnet aurait pu se révéler séduisant s'il n'y avait eu, un mois plus tôt, le 7 mars, la tentative de destruction de la paillote *Aria Marina*, sur la route des Sanguinaires. Le colonel Mazères est formel : « *Il n'y a aucune relation entre l'échec du 9 avril, prétendu être lié à des carences de la gendarmerie, et l'action de destruction de la paillote Féraud, quelques jours plus tard, à titre de compensation.* »

Et le colonel de livrer par le menu le récit de cette première opération « Pieds Nickelés » :

*« Le soir de l'incendie d'*Aria Marina*, qui coïncidait avec la première soirée des élections territoriales, il avait été envisagé d'incendier la paillote vers 2 à 3 heures du matin, avec l'accord du préfet. Cependant, alors que je me trouvais à la préfecture pour les analyses du premier tour, il a été décidé d'avancer l'heure de l'opération. C'est alors que nous nous trouvons dans le bureau du préfet, en sa compagnie, qu'il a remis à Gérard Pardini un de ses briquets, qu'il a sorti de son tiroir de bureau. Ce briquet était caractéristique : il présentait en sa partie inférieure un réservoir transparent de gaz liquide. Il ressemblait à un chalumeau.* [Le préfet] *utilisait ce briquet pour allumer ses cigares. »*

« Faux ! s'emporte Bernard Bonnet, confronté aux déclarations de Pardini et Mazères dans le cabinet du juge d'instruction. *Ils affirment de concert ce qu'ils accomplissent de concert. Et, confondus, ils essaient d'expliquer une attitude de collégiens. Le détail du briquet confirme pleinement la construction du témoignage. En effet, M. Pardini, que j'avais accepté d'héberger à la préfecture pendant plusieurs mois après qu'il eut reçu des menaces de l'ex-FLNC, connaissait parfaitement l'existence des briquets. Il n'y en avait pas qu'un seul ; il savait parfaitement où ils étaient situés à la préfecture. »*

Pour l'ancien patron des gendarmes en Corse, le plan du préfet n'était pas dépourvu d'une certaine cohérence. Les paillotes qui ne faisaient pas l'objet d'une décision de justice devaient être incendiées, tandis que les autres étaient l'affaire du génie militaire. Selon le colonel de gendarmerie, la paillote *Chez Francis*, elle, constituait un cas à part : elle était condamnée à la destruction par un jugement du tribunal administratif depuis le 4 mai 1995.

Mais *« je pense – c'est mon impression – qu'en son for intérieur le préfet était convaincu qu'il n'aboutirait pas avec les moyens légaux. M. Féraud bénéficiait d'appuis importants. Je crois savoir qu'une intervention aurait été faite auprès du préfet, peut-être de la part du directeur central des Renseignements généraux* [Yves Bertrand], *pour traiter le dossier Féraud avec une certaine indulgence. D'autre part, M. Féraud disait à qui voulait l'entendre, y compris à la télévision, que quand bien même cette paillote n'avait pas d'existence légale, elle ne disparaîtrait pas. »*

Si Bernard Bonnet se montre extrêmement combatif, ce vendredi 21 mai, devant le juge d'instruction, il n'en avait pas moins confirmé à demi-mots cette version du colonel Mazères, pendant sa garde à vue, le 5 mai, lors de sa dernière audition, à 16 h 25, avant d'être conduit au palais de justice. *« Mon sentiment,* avait-il alors déclaré sur procès-verbal au lieutenant-colonel Yves Conchaudron, *est que, collectivement, il y a eu adhésion pour réagir à la fois aux agressions et aux provocations. Rien n'aurait été possible sans une adhésion du préfet de Corse, de son directeur de cabinet* [Gérard Pardini] *et du commandant de la légion de gendarmerie de Corse* [le colonel Mazères]. *Enfin, je ne sais pas ce que j'aurais répondu, le 19 avril à 19 heures, s'il m'avait été indiqué que l'opération allait avoir lieu dans la nuit. Je répète : je ne sais pas ce que j'aurais répondu, partagé entre l'opportunité du choix des objectifs et le fait que l'exploitant s'était engagé à démolir dès le 31 octobre. En résumé, entre une action rapide et la satisfaction d'avoir obtenu une avancée dans l'application des décisions de justice, je reste dans l'incapacité de dire ce qu'aurait été ma réponse. »*

À 18 h 35, ce jour-là, Bernard Bonnet met un terme à ses confessions. À 19 heures, il est conduit au palais de justice d'Ajaccio. Une quinzaine de jours plus tard, le 21 mai, dans un autre palais de justice, celui de Paris, Bernard Bonnet, assisté cette fois de son premier avocat, Me Georges Kiejman, répond bien différemment à une de ses questions :

Me KIEJMAN : *Si, le jour même ou dans les jours précédents, vous aviez été informé de ce que, dans la nuit du 19 au 20 avril, la paillote* Chez Francis *allait être détruite, qu'auriez-vous dit ou fait ?*

BERNARD BONNET : *Je m'y serais opposé, compte tenu de l'engagement pris par Féraud de démolir lui-même son établissement avant le 31 octobre.*

Me KIEJMAN : *Est-ce que je peux considérer qu'après avoir envisagé avec une sorte de sympathie des projets de destruction illicite des paillotes, vous auriez radicalement changé d'avis après l'accord intervenu ?*

BERNARD BONNET : *Je serai moins bref dans la réponse. L'accord, que je considère comme satisfaisant, confortait le bien-fondé de la politique que j'avais engagée. Cette politique a su asseoir sa crédibilité, au point que les exploitants eux-mêmes, et pour la première fois avec l'accord des élus de l'Assemblée, s'engageaient à détruire leurs constructions.*

Chapitre 4

Les confessions du lieutenant-colonel Cavallier

Le décor est idyllique. Un lieu de rêve pour abriter ses amours. Depuis plus de trente ans, l'hôtel *Le Maquis* est, en Corse, le rendez-vous du Tout-Paris. Niché dans une crique de Porticcio, ce petit palace pittoresque, les pieds dans l'eau, est né des rêves de sa truculente propriétaire, Ketty Salini. Pas un patron de la police en Corse, pas un préfet, pas un homme politique n'a manqué de venir y contempler Ajaccio, son golfe et les îles Sanguinaires. Trois jours avant son interpellation, le préfet Bernard Bonnet y a déjeuné en compagnie de sa fille.

C'est dans ce décor que Bertrand Cavallier va pour la première fois prendre le risque de se confier à une personne extérieure à la gendarmerie et à l'affaire[1]. Depuis dix jours, le lieutenant-colonel vit un véritable cauchemar. Il est rongé de remords. Jamais il n'aurait dû partir en permission et laisser « ses » hommes aux mains de son supérieur hiérarchique, le colonel Mazères. Il considère celui-ci comme instable, aussi faible que colé-

1. Entretien avec l'auteur, le 1er mai 1999.

rique. Quatorze mois après son arrivée en fanfare sur l'île, Bertrand Cavallier ressasse les vexations qu'il a peu à peu essuyées. Il se sent seul. Il sait que les gendarmes incarcérés ont agi sur ordre. Un ordre émanant de Mazères. Probablement aussi, pense-t-il, de Bernard Bonnet.

Ce samedi soir, 1er mai, Bertrand Cavallier a délaissé son uniforme pour un jean et un blouson de cuir peu conventionnels. Ce dîner, il a d'abord hésité avant de l'accepter. Mais, depuis le matin et son entrevue avec le colonel Gérard Rémy, débarqué la veille de Paris pour succéder à Henri Mazères, il se sent soutenu dans sa *« démarche de vérité »*.

Le colonel Rémy n'a rien d'un iconoclaste. Il est *« jugulaire-jugulaire »*, dit-on de lui à la direction générale de la gendarmerie nationale à Paris. Une façon toute militaire de désigner ces officiers loyaux et dévoués qui appliquent la loi, rien que la loi. Sa mission : remonter le moral des troupes, si cruellement atteint par les révélations qui ont fait couler tant d'encre depuis une semaine. Les gendarmes corses sont l'objet de lazzis. À chaque passage d'un fourgon dans les rues, les briquets s'allument bien haut, comme dans un concert de rock ! Enfoncé dans son fauteuil, le colonel Rémy découvre la vérité : les gendarmes ont bien mis le feu à la paillote *Chez Francis*. Ils ont bien agi sur ordre de Mazères. Le projet couvait depuis plus d'un mois. Leur colonel avait déjà ordonné aux gendarmes de son GPS d'incendier cette paillote trop voyante, symbolique et dérangeante. Mais l'intervention virulente de Cavallier auprès de Mazères, puis de Bernard Bonnet, le 20 mars, avait mis un terme – provisoire – au projet.

Dans l'esprit du colonel Rémy, il ne fait aucun doute que Cavallier doit tout dire à la Justice. Ancien directeur de cabinet de Bernard Prévost, directeur général de la gendarmerie, le colonel retrouve ses vieux réflexes et prévient ce dernier des révélations que fera, le lundi suivant, Bertrand Cavallier. Dès les premières constatations opérées sur la plage de Cala d'Orzu, la gendarmerie a décidé de jouer le jeu judiciaire, ainsi que l'a souligné Bernard Legras, procureur général de Bastia. Il n'est donc pas question de changer de ligne. Malheur à ceux qui ont cru pouvoir mentir !

Ce 1er mai, au bord de la piscine du *Maquis*, accompagné de son épouse Betty, Bertrand Cavallier hésite encore avant de livrer ses lourds secrets :

« Vous ne comprenez pas, commence-t-il. *Cette affaire est strictement locale. On essaie aujourd'hui d'impliquer le gouvernement et Lionel Jospin. Mais ils ont toujours agi de façon probe. Mazères et Bonnet ont disjoncté dans leurs bunkers respectifs. »*

Pendant plus de cinq heures d'affilée, Bertrand Cavallier raconte la lente dérive du préfet : *« Pendant les quatre premiers mois, il a abattu un boulot monstre. Toutes les administrations étaient contre lui. Les élus insulaires le vomissaient à Paris. C'était vraiment "Mission impossible". »* Puis, petit à petit, alors qu'il ne sortait plus sans ses officiers de sécurité que pour de brèves escapades, il a perdu tout contact avec la réalité. *« Il en a fait une affaire personnelle. Il s'est engagé au-delà du raisonnable. »* La rancœur de cet homme, baptisé « le Proconsul » par ses adversaires nationalistes et les élus traditionnels, a alors croisé celle du colonel Henri Mazères. *« À deux reprises, j'ai demandé à Mazères :*

"Mon colonel, pouvez-vous dire non au préfet ?" *À chaque fois il m'a avoué que ça lui était impossible »*, ajoute Bertrand Cavallier. Selon lui, Mazères était donc « instrumentalisé » par Bonnet. Les deux hommes passaient leurs week-ends ensemble, sortaient en mer à bord du même bateau ; ils se sont offert un week-end au cap Corse grâce à l'hélicoptère de la gendarmerie. *« Ils se voyaient deux à trois fois par jour,* se souvient Cavallier. *Le rétablissement de l'état de droit était devenu obsessionnel pour eux. Ils ne parlaient que de ça, ne pensaient qu'à ça. Tout obstacle qu'ils rencontraient était intériorisé... »*

Bertrand Cavallier a vécu les événements de ces derniers mois d'assez loin. Bernard Bonnet a rappelé, durant sa garde à vue, que *« le directeur général de la gendarmerie avait accepté de nommer le lieutenant-colonel Cavallier comme chargé de mission auprès du préfet de Corse. Mes relations avec cet officier étaient très fréquentes. Elles étaient facilitées par le fait que je l'hébergeais à la préfecture. »* Mais, avec l'arrivée, le 1er juin 1998, du colonel Henri Mazères, les relations entre les deux hommes sont devenues moins fréquentes. *« J'ai accepté ma mise en retrait, comme me le demandait ma hiérarchie,* expose Bertrand Cavallier. *Je n'avais plus aucun contact officiel avec la section des recherches* [en charge des enquêtes judiciaires]. *Je ne savais rien des missions confiées au GPS. Tout ce que j'ai su, je l'ai appris par la bande. Parce que j'avais la confiance des hommes. »*

Dans la douceur de la nuit ajaccienne, il évoque l'image qui lui colle à la peau depuis son entrée dans la gendarmerie : *« À l'école, déjà, on me trouvait atypique. J'aimais la vie, les sorties avec les copains, les filles... »*

Fils de gendarme, il fait alors la connaissance de sa future épouse : « *Son père était le supérieur du mien. Nous nous sommes rencontrés tout naturellement. Sans doute aurait-il préféré que je sois plus conventionnel.* » Déjà provocateur, il attend sa fiancée à la sortie du lycée en uniforme.

Son caractère « atypique », Bertrand Cavallier le brandit comme un flambeau : « *Si ma hiérarchie me regarde parfois de travers, mes hommes m'ont toujours apprécié. Je n'ai pas peur. Je suis toujours à leurs côtés.* » C'est sans doute cet aspect martial et ce goût de l'amitié franche et virile qui ont séduit le commandant du GPS, le capitaine Norbert Ambrosse : « *Depuis plusieurs mois, le colonel Mazères exerçait sur lui une pression psychologique intense. Un jour, il le traitait comme un moins que rien ; le lendemain, il était jovial et chaleureux. Leurs rapports n'étaient faits que d'attirance et de répulsion. Ambrosse venait souvent chercher du réconfort auprès de moi. Je suis certain qu'il a accepté de mettre le feu à la paillote pour être tranquille...* »

Ce 1er mai, Bertrand Cavallier réfute toutes les accusations qui pèsent sur le GPS : « *Ce n'est en rien une unité d'élite, comme le GIGN. Ces garçons n'ont pas subi d'entraînement très poussé. Ce sont des gendarmes mobiles affectés à des missions particulières. Ne me parlez pas des "moyens considérables" mis à leur disposition. Ils en manquaient cruellement ! Ils devaient payer de leur poche leur téléphone portable.* »

« GPS = coups tordus », « GPS = Groupe de pyromanes stagiaires » : rien n'ulcère plus le lieutenant-colonel Cavallier que ces slogans sarcastiques.

C'est pourtant l'ensemble des officiers de cette unité, créée spécialement pour la Corse, qui se trouve impliqué dans le funeste incendie. *« Je n'arrive pas à comprendre comment ils ont tous pu se laisser embarquer dans cette histoire. J'avais veillé à ce que le recrutement des officiers soit différencié, pour éviter des débordements dus à la jeunesse. Et puis, rien n'y a fait. Les garde-fous ont volé comme fétus de paille. La pression devait être intenable. Et je n'étais pas là pour les aider à s'opposer ! »*

Incorrigible Bertrand Cavallier qui, ce soir-là, se cherche des responsabilités...

Perdu, avec pour seul réconfort celui de pouvoir se confier en présence de son épouse, le lieutenant-colonel est obsédé par l'avenir de la gendarmerie après cette ténébreuse affaire : *« Nous avons déjà eu du mal à nous remettre de l'affaire des Irlandais de Vincennes. Il va maintenant falloir gérer cette foutue paillote ! La gendarmerie ne sait pas faire les coups tordus. Ce n'est pas dans sa culture ! »*

Cavallier-Bonnet : la séparation

Pourtant, quatorze mois plus tôt, à son arrivée en Corse, Bertrand Cavallier avait intrigué. *« Il y a des risques de reconstitution de "cellule" dissoute ! »* s'inquiétaient quelques haut gradés de la direction de la gendarmerie en songeant avec effroi aux turpitudes passées de la fameuse « cellule de l'Élysée ». Chargé de mission auprès du préfet Bonnet, Bertrand Cavallier logeait à la préfecture. Il circulait en civil à bord d'une Renault Laguna bleu métallisé aux vitres opacifiées. Toujours escorté et protégé par des gendarmes en civil, Cavallier, les yeux et les oreilles de Bonnet, courait les bureaux pour dresser un état de l'administration en Corse. Dix jours seulement après son arrivée sur l'île, le 1er mars 1998, il remettait ses « propositions d'action » pour la Corse[1]. C'est ce plan que défendit le préfet Bonnet à Matignon. Cavallier y dégageait cinq priorités pour une « réaction républicaine » :

> 1) une recomposition de l'administration, mieux ajustée à l'architecture politique et à l'espace corses ;
> 2) le déclenchement de missions d'inspection ;
> 3) des mesures immédiates et lisibles de respect de la loi ;
> 4) une unité de lutte antimafieuse ;
> 5) la promotion de l'identité insulaire.

Mais l'action de Bertrand Cavallier a été extrêmement mal perçue. Son ton était tranchant. Ses phrases, à l'emporte-pièce. Son allure, empressée. *« Il avait le comportement d'un spermatozoïde courant tous les ovules à la fois »*, se souvient un magistrat. Bernard Bonnet aussi l'a noté : *« J'ai relevé la distance que celui-ci prenait avec les magistrats. Il semble en effet qu'il ait eu beaucoup de contacts avec les parquets pendant les deux premiers mois, au point, semble-t-il, d'indisposer le parquet général. »*

Bertrand Cavallier était-il, comme on l'a dit, l'« âme damnée » du préfet de région ? *« Les discussions étaient souvent vives entre Bernard Bonnet et moi,* se souvient-il. *Depuis mon passage à la tête de la gendarmerie dans les Pyrénées-Orientales à ses côtés, je savais qu'il fallait le*

---

1. Voir annexe 3.

contenir. Il arrivait à cette brillante machine intellectuelle de déraper dans l'urgence. Bonnet n'a jamais su réagir à chaud. » Ses déclarations à sa sortie de prison en ont constitué, selon lui, une nouvelle preuve !

Le contenu de ces conversations musclées, Cavallier le gardait pour lui. La Justice, elle, était plus que sceptique sur les agissements de ce gendarme hors normes : « *Il fallait le recadrer,* se rappelle un magistrat. *Le faire rentrer dans le rang de la gendarmerie.* » Telle fut la première tâche du colonel Henri Mazères, nommé à la tête de la légion de Corse. Cavallier réendosse alors son uniforme, il occupe une villa mitoyenne de celle de son supérieur, à l'intérieur de la caserne Battesti qui abrite, sur les hauteurs d'Ajaccio, à moins de cinq cents mètres du lieu où a été assassiné le préfet Claude Érignac, les bureaux de la légion de gendarmerie ainsi que les logements de fonction des gendarmes.

« *À l'arrivée du nouveau commandant de légion, le colonel Mazères, le lieutenant-colonel Cavallier a été nommé rapidement chef d'état-major,* se souvient Bernard Bonnet. *Nos relations se sont très fortement espacées. Il ne participait plus aux réunions quotidiennes que j'organisais à la préfecture. Je n'avais plus de contacts avec lui. Incontestablement, le nouveau commandant de légion a souhaité assumer pleinement ses nouvelles responsabilités. Le colonel Mazères m'a fait comprendre avec beaucoup de tact qu'il convenait de clarifier la position de l'un et de l'autre à mon égard.* »

Le colonel Mazères estime en effet que les relations avec la préfecture sont de son seul ressort. « *Il n'y a qu'un chef ici* », martèle-t-il. Cavallier est prié de rester à l'écart. Les rapports entre les deux hommes ne sont d'ailleurs pas d'une chaleur extrême. Le 14 août 1998, Bertrand Cavallier, amer, se rend à une convocation du major général de la gendarmerie, Gérard Marcille. Aujourd'hui encore, il refuse de délivrer la teneur de cet entretien aux allures de sermon. Mais, visiblement, ce n'est pas pour lui un bon souvenir.

« *Ils ont brisé mon mari,* ajoute Betty Cavallier[1]. *Il a donné toute sa vie à la gendarmerie. À Saint-Cyr, il a travaillé comme un fou pour sortir parmi les premiers et pouvoir choisir cette arme. Je me souviens de l'appel téléphonique du préfet Bonnet quand nous étions à Perpignan, quelques jours après l'assassinat de Claude Érignac. J'étais très surprise, je croyais qu'il était déjà à Dole.* [Bernard Bonnet venait d'être nommé préfet du Jura quand le préfet de Corse, Claude Érignac, fut assassiné, le 6 février 1998. Il n'a jamais pris ses fonctions et a été nommé préfet de Corse en Conseil des ministres dès le mercredi 11 février]. *Il voulait immédiatement voir Bertrand.* »

Au retour de son mari, après cet entretien avec Bernard Bonnet, Betty Cavallier se souvient d'avoir fondu en larmes à l'idée qu'ils allaient devoir se rendre en Corse. Elle craignait pour leur sécurité au lendemain de l'assassinat du préfet Érignac. « *Mes préoccupations sont celles d'une femme qui élève quatre enfants. J'ai toujours soutenu Bertrand pour qu'il s'accomplisse dans la gendarmerie. Malgré ma peine, je ne voulais pas m'opposer à sa mutation en Corse. Et puis, la direction de la gendarmerie lui disait d'y aller...* »

---

1. Entretien avec l'auteur, le 11 mai 1999.

Bernard Bonnet n'a pas gardé le même souvenir de cette nomination. Selon lui, *« le lieutenant-colonel Cavallier s'est aussitôt porté volontaire pour me rejoindre dans ma nouvelle affectation. J'ai apprécié la rapidité de son initiative, même si elle a pu soulever quelques difficultés pour son positionnement. »*

Après son retour dans le giron de la gendarmerie traditionnelle, Bertrand Cavallier se renfrogne, tout en cherchant à éviter les conflits avec le colonel Mazères. À deux ou trois reprises, les deux hommes s'expliquent franchement, porte du bureau fermée. *« Quand je hausse le ton, il plie immédiatement,* raconte Bertrand Cavallier. *Mais, dans le quart d'heure qui suit, il appelle la direction générale de la gendarmerie pour se plaindre de mon attitude... J'ai cherché une voie de conciliation pour éviter les problèmes. »*

Bernard Bonnet se souvient de l'effacement progressif de son ancien chargé de mission : *« Je pense qu'il n'a pas un tempérament de second. Il ne m'a pas échappé, par son apparence, qu'il vivait mal son nouveau poste de chef d'état-major. Il a été discret et n'a vraiment exprimé une déception qu'à l'occasion de la sortie du tableau annuel de promotion sur lequel il ne figurait pas. Il m'a dit être très déçu. Il me l'a exprimé directement, à l'occasion d'une de ses rares visites en tête à tête. »*

Avant d'accepter le poste de chargé de mission que lui proposait Bernard Bonnet, Bertrand Cavallier a en effet demandé quelques garanties. La mission était périlleuse et son père, ancien officier de gendarmerie, qui devait décéder dans un accident de la circulation quelques jours avant le départ de son fils pour la Corse, lui a conseillé d'être prudent avant d'aller se fourrer dans ce guêpier.

« Son père lui conseillait sans cesse de s'engager moins, d'être plus tempéré, raconte Betty Cavallier. *Mais moi, je lui disais toujours de foncer, de vivre à fond sa passion pour la gendarmerie. »*

« Bertrand Cavallier m'avait demandé d'intervenir auprès du ministère de la Défense pour le raccrocher au tableau d'avancement, reprend Bernard Bonnet lors de sa garde à vue. *En fait, je me suis adressé au directeur général de la gendarmerie nationale, lequel m'a dit que le lieutenant-colonel Cavallier était trop jeune pour figurer sur ce tableau. J'ai alors remarqué qu'il prenait des congés. Ce qui n'était pas le cas quand il servait dans les Pyrénées-Orientales... »*

Après son incarcération, le préfet de Corse a révisé son jugement sur le lieutenant-colonel, ainsi que le montre son audition en date du 21 mai 1999 :

LE JUGE : *Aux termes des déclarations successives du lieutenant-colonel Cavallier...* (Mentionnons que M. Bonnet sourit). *Je reprends ma question : Aux termes des déclarations successives du lieutenant-colonel Cavallier, il apparaît que celui-ci aurait eu connaissance de votre projet d'incendier des paillotes et aurait cherché à vous en dissuader.*

BERNARD BONNET : *Le lieutenant-colonel Cavallier, confit de rancœur, m'a effectivement rendu visite le 20 mars. Je lui ai très sèchement répondu qu'en ce qui concernait les paillotes, j'allais arrêter un plan de destructions légales, et que j'étais très sensible à notre communauté de vues. Il a sans doute imaginé avoir joué un rôle.*

Le préfet Bonnet n'a plus de mots assez durs pour son ex-collaborateur. Comme si le lieutenant-colonel Cavallier était passé à l'ennemi...

Le lundi 3 mai, ce dernier est entendu à 15 h 15 par les gendarmes de l'inspection technique. Il révèle sa première démarche auprès du colonel Mazères et du préfet pour éviter l'incendie de paillotes. Deux jours plus tard, le 5 mai, le colonel Rémy et le lieutenant-colonel Cavallier se retrouvent dans le bureau du procureur général Bernard Legras, à Bastia. La démarche est officielle : Bertrand Cavallier souhaite compléter son témoignage. Il a eu, les 24 et 25 avril, plusieurs contacts téléphoniques avec Bernard Bonnet, et les deux hommes se sont rencontrés le lundi 26, jour de retour de permission du lieutenant-colonel.

Le procureur général Bernard Legras ne veut rien entendre de ces nouvelles révélations. Ce n'est pas à lui de recevoir un témoignage quand un juge d'instruction est saisi. Il invite donc Bertrand Cavallier à se rendre chez le juge Cambérou : lui seul peut l'entendre.

Dans l'après-midi, le lieutenant-colonel indique au juge, qui l'ignore encore, que le colonel Henri Mazères et Gérard Pardini avaient tenté d'incendier une première paillote en bois, mais que cette action n'avait pas été couronnée de succès. Les autres confidences de Bertrand Cavallier semblent accablantes pour le préfet Bonnet :

Les appels de Bernard Bonnet

« *Le week-end des 24 et 25 avril, je précise que j'ai reçu un ou deux coups de téléphone du préfet Bonnet.* [Il en a eu en fait trois.] *Ils m'ont étonné, d'une part par leur teneur, d'autre part par le fait qu'il ne s'adressait plus à moi depuis longtemps par portable. Il m'a notamment précisé qu'il avait contacté Matignon à mon sujet, que j'étais jugé comme un officier remarquable. Il m'a confirmé la mutation qui m'attendait à Paris. Il a enfin ajouté qu'il souhaitait me voir à mon retour en Corse. J'ai nettement l'impression que le préfet Bonnet voulait me faire passer le message selon lequel il maîtrisait la situation. Il attendait de moi sinon mon approbation, du moins ma passivité. »*

Puis Bertrand Cavallier raconte l'entretien qu'il a eu avec Bernard Bonnet le lundi 26 avril à 15 h 30 : *« Nous avons une conversation essentiellement axée sur l'affaire de la paillote, bien que nous exprimant en style souvent indirect à ce sujet. »* Le lieutenant-colonel n'a plus confiance dans le préfet. Il craint un piège qui tendrait à l'impliquer dans l'affaire, alors qu'il a effectué un mois plus tôt une démarche visant à empêcher de pareilles actions. Il se munit alors d'un petit magnétophone qu'il place dans sa poche. Attitude surprenante : il n'est pas dans les habitudes d'un gendarme d'enregistrer un préfet ! Mais Bertrand Cavallier craint le machiavélisme du préfet. Comment pourra-t-il justifier ce rendez-vous qui, s'il vient à être connu, risque de se révéler compromettant aux yeux de la Justice ? Ce sera alors la parole du préfet contre la sienne...

Devant le juge, Bertrand Cavallier, avant de remettre la cassette enregistrée, affirme : *« Au cours de cette conversation, le préfet a notamment déclaré :* "L'affaire n'ira pas plus haut. J'avais pris toutes les précautions. À la rigueur, elle touchera mon voisin par ricochet. Et ce n'est pas dit." »

Le voisin en question n'est autre que Gérard Pardini. On comprend mieux qu'en présence de Bernard Bonnet, il ait ensuite mis le feu à la photocopieuse avec laquelle avaient été dupliqués les tracts *« Féraud balance des flics »...*

Entendu par le juge Patrice Cambérou, Bernard Bonnet ne dissimule pas sa fureur en découvrant qu'il a été enregistré à son insu par son ancien chargé de mission. Il livre alors une tout autre version :

« J'ai appelé personnellement le lieutenant-colonel Cavallier les 24 et 25 avril derniers. Je l'ai appelé parce que j'avais lu dans la page confidentielle du Point *un extrait le mettant en cause.* [En fait, l'information du *Point* ne mentionnait que la mutation de Bertrand Cavallier à la direction générale de la gendarmerie au cours de l'été 1999.] *Le lendemain, je l'ai encore appelé ; nous avons évoqué cet incendie. Il me paraissait alors peu acquis à l'idée d'une mission de surveillance qui aurait échoué. Je lui ai demandé de venir me voir le lundi 26 avril dans l'après-midi. »*

Bernard Bonnet affirme alors n'avoir jamais été dupe des intentions de Bertrand Cavallier. Il l'a tout de suite suspecté d'être là pour le piéger : *« Je connais cet officier. Lorsque je l'ai vu, il portait un magnétophone sur le visage. Ce qui m'a beaucoup amusé. Je crains qu'il n'ait pu obtenir ce qu'il était venu chercher, en particulier l'implication du préfet dans l'incendie de la nuit du 19 au 20 avril. Je fais les plus expresses réserves sur l'usage qui sera fait des propos recueillis dans le cadre de cet enregistrement clandestin. Procédé qui déconsidère son auteur, quel qu'il soit. Mais cet opprobre est atténué par le fait que le magnétophone était sur le visage... »*

Pour Betty Cavallier, ces seize mois passés en Corse sont loin de constituer un bon souvenir. Mais elle était honorée que Bernard Bonnet eût choisi son mari *« alors qu'il avait connu de nombreux gendarmes et policiers dans ses autres postes »*. La rumeur malveillante, reprise par certains journaux, qui lui a prêté des attaches plus personnelles avec le préfet, la révulse : *« On veut nous détruire. J'ai une pensée pour Mme Bonnet, que je rencontrais souvent. Comme moi, elle était seule. Nous aimions nous promener dans Ajaccio. C'est ignoble, que l'on ait pu me mettre en cause de cette façon »,* confie cette femme visiblement toujours très amoureuse de son mari. Elle souligne cependant le « tact » dont a fait preuve à ce sujet le juge d'instruction Patrice Cambérou lors de son audition, le 27 mai.

Pendant les six derniers mois, le préfet et son ancien chargé de mission n'auront eu que des contacts épisodiques. Dans les moments « chauds ». En fait, Cavallier se bornait désormais à gérer les affaires courantes. *« Je n'étais, par exemple, pas associé à l'enquête sur l'attentat contre la gendarmerie de Pietrosella. »*

Rappelons les faits : le 5 septembre 1997, un commando avait pénétré dans la gendarmerie de cette bourgade de bord de mer, au sud d'Ajaccio, et dérobé deux armes aux gendarmes avant de faire exploser les locaux. Une des deux armes dérobées allait servir, le 6 février 1998, à assassiner le préfet Claude Érignac. Dans cette affaire, le colonel Henri Mazères a vécu le dessaisissement de ses gendarmes au profit des seuls policiers de la PJ comme un *« véritable affront »*, se souvient un magistrat. Il était convaincu de pouvoir remonter, à partir de l'enquête sur l'attentat perpétré contre la gendarmerie de Pietrosella, jusqu'aux assassins du préfet Érignac. Aux visiteurs avertis, il se plaisait à montrer une chemise verte posée sur sa table, à sa gauche. Selon lui, tout était prêt pour interpeller les « cibles » et dévider la pelote. Les équipes de gendarmes étaient même constituées pour l'opération, le plan des interrogatoires établi. Mais le juge antiterroriste parisien Gilbert Thiel a préféré, en décembre 1998, se tourner vers la police. La division nationale antiterroriste (DNAT) et le SRPJ d'Ajaccio ont mené l'enquête avec le succès que l'on sait.

La gendarmerie a beaucoup perdu dans l'affaire. C'est en effet une de ses armes qui a servi à assassiner le préfet Claude Érignac. Elle a subi des avanies et des outrages constants. Elle a déployé des moyens considérables en hommes et en matériel pour mener à bien la politique de rétablissement de l'état de droit, pour finir par s'empêtrer dans une rocambolesque histoire d'incendie de restaurants de plage.

Dans le cabinet du juge Cambérou, Bertrand Cavallier, qui vient d'être confronté au capitaine Norbert Ambrosse, est abattu : *« Je tiens à préciser que ma démarche est extrêmement difficile, parce que je peux donner l'impression de tromper la confiance que me portent toujours certains militaires qui sont arc-boutés sur une ligne de défense qui est sans issue. »*

Norbert Ambrosse craque et pleure à chaudes larmes dans les bras du lieutenant-colonel. Tableau un tantinet mélodramatique.

Comme délivrant un testament, Bertrand Cavallier lance alors au juge, non sans grandiloquence : *« Les officiers et gradés qui sont impliqués dans cette affaire ont toujours été des gens de vérité. Ils ont peut-être cru agir par vérité, dans un engagement absolu pour l'état de droit, ne comptant pas leurs heures, prenant des risques pour leur personne. Ils ont été abusés par celui-là même qui, par son grade, son expérience, était le gardien de l'éthique. Je ne porte pas de jugement de fond sur le colonel Mazères, mais il n'avait pas le droit, par son choix, d'engager d'autres militaires. Je me battrai sans réserves pour ces garçons, pour qu'ils sortent de la façon la plus honorable possible de cette triste affaire. »*

Le repentir est une notion importante chez les Cavallier. Catholiques fervents, ils se rendent tous les dimanches à la messe. Dans son bureau, face à celui du colonel Mazères, Bertrand se servait d'un crucifix comme presse-papiers. Au mur, la prière du saint-cyrien. Chez lui, dans l'entrée, au-dessus de la porte de la cuisine, le pape Jean-Paul II figure en photo. Placés entre les aventures de Tintin et ceux qui racontent l'histoire de la gendarmerie, les livres pieux ne manquent pas. À 42 ans, le lieutenent-colonel vient de vivre son chemin de croix. Au long de nuits sans sommeil, il ne pensait plus qu'à l'avenir de la gendarmerie, qu'il imaginait des plus sombres. Embringué dans une affaire qui n'était pas la sienne, il a souvent pensé à des issues plus expéditives. Rongée par l'inquiétude, son épouse n'en dormait pas non plus. Ce n'est qu'au départ d'Ajaccio, le mardi 8 juin au soir, que Bertrand Cavallier a paru recouvrer un peu de sérénité.

Chapitre 5

La nuit du 19 au 20 avril 1999

« La seule façon pour qu'ils nous laissent tranquilles, c'était d'exécuter leur besogne. » Le lieutenant Lionel Dumont, un des trois adjoints du capitaine Norbert Ambrosse, patron du GPS, est plutôt amer, ce 6 mai 1999, quand il comparaît devant le juge Patrice Cambérou. Ce gendarme de 41 ans, père de trois enfants, est encore abasourdi par les ordres qu'il a reçus au cours des derniers mois. Début mars, *« juste avant les élections territoriales ou entre les deux tours »*, le colonel Mazères a décidé de confier à son GPS *« des missions de destruction de paillotes. Le colonel parlait de sept objectifs à détruire »*. Sur le moment, les hommes du GPS refusent. Cependant, Henri Mazères ne lâche pas prise et exerce une pression insensée sur le capitaine Ambrosse et ses adjoints : *« Pour tenter d'apaiser l'appétit dévorant du colonel Mazères,* déclare le lieutenant Dumont lors de sa garde à vue, *nous avons déclaré que nous accepterions une mission. Nous pensions alors que la pression allait retomber et que nous pourrions éviter d'en réaliser même une seule. »*

Las, il n'en est rien ! La cible est désignée : ce sera l'*Aria Marina*, sur la route des Sanguinaires, à la sortie nord d'Ajaccio.

Le colonel Mazères remet déjà un tract de revendication au capitaine Norbert Ambrosse. Cette fois, pas de « *Féraud balance des flics* » mais un plus conventionnel « *A droga fora !*[1] » Mais l'affaire ne lui plaît pas. Le lieutenant Dumont rend compte : les lieux sont occupés ; impossible de mettre le feu. « *C'était bien sûr faux,* explique Lionel Dumont. *Par la suite, le colonel Mazères s'est moqué de nous en se vantant d'avoir mis le feu alors que j'avais indiqué que c'était pratiquement impossible. Je conçois que ça paraît invraisemblable. Je me suis dit :* "Ils ont pété les plombs !" »

Le 7 mars, au soir du premier tour des élections territoriales, les « scouts » Mazères et Pardini, « armés » du briquet-chalumeau du préfet Bonnet, mettent donc le feu. L'opération n'est pas probante. Seules les toilettes de l'*Aria Marina* sont détruites. Un mur du chalet de bois a été légèrement léché par les flammes.

« *Après les élections, et compte tenu du contexte,* se souvient le colonel Mazères, *lors d'une réunion chez le préfet, ce dernier a souhaité intensifier les incendies de paillotes. Lors de ma réunion journalière avec le préfet de région, nous avons évoqué ces opérations. Je lui ai de nouveau fait part du risque que cela comportait de s'attaquer à plusieurs objectifs.* » D'après ses propres dires, le colonel Mazères redoute que la répétition de tels incendies ne désigne l'État comme leur auteur. Bernard Bonnet semble alors se ranger à son avis. « *Quelques jours après,*

---

1. Expression nationaliste qui signifie : « Halte à la drogue en Corse ! »

le préfet a décidé que seule la paillote de M. Féraud devait être incendiée. Je ne connaissais pas cette paillote. » Qu'à cela ne tienne : Gérard Pardini servira de guide.

« M. Pardini connaît la paillote Féraud par un ami personnel, explique par ailleurs Bernard Bonnet devant le juge. *C'est un chirurgien toulousain qui demeure à Coti-Chaviari. C'est cet ami de M. Pardini qui lui a expliqué que cette paillote était diversement fréquentée et que son chiffre d'affaires s'élèverait à près de 40 000 francs par jour. »*

« C'est ainsi, a reconnu le colonel Mazères, *qu'un jour, dans l'après-midi, M. Pardini m'a conduit à bord d'un véhicule banalisé de la préfecture, certainement une Renault Clio, sur la plage de Cala d'Orzu, pour me situer la paillote de M. Féraud.* » Dans la foulée, le colonel Mazères enfourche une des motos du GPS et conduit tout aussi naturellement le capitaine Norbert Ambrosse jusqu'à l'*« objectif »*. Le colonel entend bien, cette fois, être écouté par ses subordonnés. *« Compte tenu du caractère extrêmement sensible de cette mission,* ajoute Henri Mazères devant le juge, *elle ne devait pas échouer. Toutes les précautions devaient être prises, notamment en matière de sécurité d'autrui. Il fallait donc qu'il n'y ait personne autour de la paillote, pour ne pas se faire repérer, et qu'il n'y ait personne à l'intérieur qui aurait pu être une victime. »*

Fort de ces précisions, le capitaine Ambrosse réunit à la fin mars ses hommes de confiance, ses trois adjoints et un homme d'expérience du GPS, un élément sûr, l'adjudant-chef Éric Moulié, ancien du GIGN[1]. Le soir

1. Voir chapitre 10.

même, les lieutenants Dumont et Tavernier partent en reconnaissance à bord d'une Peugeot 205 blanche. Au bout d'une heure de route, ils abandonnent leur voiture à quelque trois kilomètres de la paillote, sur les hauteurs de la Cala d'Orzu. À travers des chemins privés en mauvais état, les deux gendarmes descendent jusqu'à la mer, au nord de la paillote. Là, à quelques dizaines de mètres de la plage, mais à couvert dans la végétation, ils attendent la nuit et observent. Quand ils rendent compte à Norbert Ambrosse, ce n'est pas l'allégresse : ils estiment que la configuration des lieux les dessert. Mais le colonel Mazères n'entend pas renoncer.

Selon des aveux écrits de sa main lors de sa garde à vue, Gérard Pardini se souvient de l'intérêt répété que portait le préfet Bonnet à l'accomplissement de cette mission. *« Si ça continue, c'est moi-même qui irai mettre le feu ! »* aurait-il tempêté auprès du colonel Mazères.

Les gendarmes se réunissent donc à nouveau. Cette fois, le but est de définir le rôle de chacun. Denis Tavernier est chargé de se procurer des bidons et de les remplir d'essence. Tavernier et Dumont se rendent près de *Chez Francis*, quelques jours avant, pour déposer le carburant. *« Nous avons déposé les cinq bidons d'essence dans le maquis,* précise Lionel Dumont devant le juge Cambérou. *À partir d'une petite piste, j'ai compté deux cent quarante pas vers le sud, afin de les retrouver de nuit. Nous avons déposé le carburant préalablement, afin de ne pas être pris avec. C'est une technique utilisée par les nationalistes. »*

Trois ou quatre jours plus tard, l'adjudant-chef Éric Moulié conduit sur place le lieutenant Franck Pessé en milieu d'après-midi. Ce dernier doit assurer la surveillance des lieux. Alors que ses compagnons d'infortune sont censés le rejoindre vers 1 heure du matin, le lieutenant Pessé met un terme à la mission : il a constaté un ballet de voitures autour de *Chez Francis*. *« J'ai su plus tard par Pessé que c'était un prétexte,* a déclaré Lionel Dumont. *Tout le monde était soulagé. Et le capitaine a rendu compte à Mazères qui, lui, ne devait pas être très content. »*

Le colonel Mazères a gardé en mémoire cette première opération avortée : *« J'ai informé le préfet de la suspension de l'opération. Sa réaction a été de dire de retenter. Il a regretté ce contretemps. Mais ce n'était que partie remise. »*

Au cours de cette surveillance, plusieurs immatriculations de véhicules ont été relevées. L'une d'elles a tout particulièrement intéressé Bernard Bonnet : celle d'une voiture banalisée du commissariat d'Ajaccio. Lors de la perquisition effectuée par le juge, le 3 mai, dans le bureau du préfet, les enquêteurs ont saisi une note manuscrite mentionnant ce même numéro d'immatriculation. Selon le lieutenant Lionel Dumont, les gendarmes avaient *« peur d'être manipulés par le préfet et de tomber dans un piège de la DNAT* [la divison nationale antiterroriste de la police judiciaire] ». On le voit, la confiance régnait !

« Pas le droit d'échouer », avait bien précisé à ses hommes Henri Mazères. Donc, *« sur insistance du préfet, j'ai relancé l'opération auprès du capitaine Ambrosse »,* déclare-t-il. Le 18 avril, avant de se rendre à sa réunion journalière avec Bernard Bonnet, prévue à 18 heures, le colonel *« remet un peu de pression »* sur Norbert Ambrosse, lequel doit partir prochainement en permission à Toulouse. Cette fois, la date de l'opération est

arrêtée : ce sera pour la nuit suivante, celle du 19 au 20 avril. *« Lors de la réunion chez le préfet, je lui ai précisé que c'était imminent. Je ne lui ai pas précisé que ça aurait lieu le soir même, de crainte que cette opération ne soit une nouvelle fois reportée. »*

Le 19 avril au matin, la décision est prise. Norbert Ambrosse convoque ses hommes de confiance. La réunion est brève. Le rôle de chacun n'a pas varié depuis la tentative précédente. *« Ce soir, on fait sauter la paillote, c'est un ordre »*, annonce le capitaine.

« J'ai compris pourquoi cela s'est passé aussi rapidement et brutalement, raconte au juge l'adjudant-chef Éric Moulié. *C'est parce que le lieutenant-colonel Bertrand Cavallier était en permission. Pour moi, c'était une aberration de reprendre une opération abandonnée trois semaines avant, sans nouveau repérage. Mais là, c'était clair, il n'y avait pas le choix. »*

À 14 heures, l'adjudant-chef Éric Moulié, à bord d'une Renault 19 de couleur bronze, conduit le lieutenant Franck Pessé, patron du peloton Protection des personnalités, vers la plage de Cala d'Orzu. Cette voiture du groupe de protection du GPS affiche pas moins de 225 000 kilomètres au compteur ! La route est longue et sinueuse. L'atmosphère est lourde à bord du véhicule.

« Moulié m'a laissé à Capu Neru vers 15 h 15, explique au juge le lieutenant Pessé. *J'ai commencé ma progression immédiatement. J'ai d'abord rejoint directement le bord de mer. J'étais vêtu d'un jean, tee-shirt et baskets. Un sac à dos bleu contenait de la boisson, des barres de céréales, des vêtements chauds, des jumelles et une radio Corail. Je n'avais pas emporté d'arme. »*

Deux heures plus tard, Éric Moulié est de retour à la caserne Battesti à Ajaccio. La journée se déroule comme si de rien n'était. Le capitaine Norbert Ambrosse, qui commande l'ensemble du GPS, reçoit les gendarmes de son unité fraîchement créée. Il leur signifie leurs notations, auxquelles il vient de procéder. Le lieutenant Denis Tavernier, qui s'est procuré l'essence, gère le peloton Intervention. Le lieutenant Dumont, en charge du peloton Renseignements et Observations, établit le planning de ses missions futures.

À 21 h 50, Lionel Dumont, dont les parents sont venus dîner, quitte la table familiale pour aller garer à l'extérieur de la caserne la Renault Clio affectée à son peloton. Il s'agit de ne pas se faire remarquer, y compris par les gendarmes qui gardent la caserne. Peu avant minuit, heure du rendez-vous pour le départ vers Cala d'Orzu, le capitaine Norbert Ambrosse et le lieutenant Dumont escaladent le grillage de protection de la caserne dans un recoin peu éclairé. Ils se dirigent vers le parking où les attendent Tavernier et Moulié. Comme au milieu de l'après-midi, l'adjudant-chef Moulié, qui est opposé à cette mission, reprend son rôle de taxi. Il se met au volant et conduit ses trois supérieurs sur la route escarpée de Coti-Chiavari. Selon un positionnement hiérarchique, le capitaine se tient à l'avant, à côté du chauffeur, les deux lieutenants à l'arrière.

Le GPS met le feu

Vers une 1 h 15 du matin, l'équipe arrive à moins de trois kilomètres de la paillote *Chez Francis*. Éric Moulié dépose les officiers à quelques mètres du volumineux container à poubelles, près d'un poteau en ciment d'EDF. Comme convenu, il fait demi-tour pour aller se garer plus loin, afin de ne pas attirer l'attention. Il récupérera les autres une fois la mission accomplie. Il a près de lui son poste radio Corail. Son nom de code : « numéro 2 ».

Ambrosse, Tavernier et Dumont empruntent pendant une demi-heure un petit chemin privé qui les conduit près des bidons d'essence. Ambrosse et Dumont se rendent au point d'observation qu'ils ont défini, dans les rochers, à trois cents mètres du restaurant de plage. Tavernier refait les deux cent quarante pas vers le sud afin de récupérer les cinq bidons d'essence. Le lieutenant Franck Pessé – nom de code radio : « numéro 1 » – est à la manœuvre. Camouflé, depuis le milieu de l'après-midi, dans le maquis corse, il dirige la progression des gendarmes à l'aide de sa radio Corail, groupe 2, canal 14, en crypté.

« La voie est libre », annonce Pessé. Ambrosse, « numéro 4 », et Dumont, « numéro 3 », planquent en lisière de la plage et font le guet pendant une dizaine de minutes. Puis le capitaine Ambrosse rebrousse chemin pour rejoindre Tavernier près des bidons d'essence. Pessé et Dumont restent en faction. Vers 2 h 15, Tavernier et Ambrosse, chargés de leurs cinquante litres d'essence, rejoignent les guetteurs.

La paillote d'Yves Féraud a une superficie d'environ deux cents mètres carrés. Elle est adossée au maquis et fait face à une centaine de mètres de sable fin, couleur argent. Cette nuit-là, un vent léger souffle. Le plafond de nuages est bas. Depuis une semaine, il fait mauvais temps en Corse. Les vacanciers de Pâques n'ont pour une fois pas pu profiter de la mer. La saison commence mal pour

Yves Féraud. Certes, sa paillote est officiellement ouverte à longueur d'année. En fait, il prépare ses repas de poisson grillé à la demande. Ce 19 avril, la journée n'a pas été bonne. Pas de commande. Pas de grill. Pas de feu.

À 2 h 30, Ambrosse et Tavernier sont prêts à incendier la paillote. Cagoule baissée sur le visage : le GPS a pour habitude de se couvrir la tête de cagoules de motards pour les missions de surveillance nocturnes. Pessé et Dumont donnent le dernier feu vert. *« On y va »*, répond Ambrosse. La paillote est certes éclairée par une veilleuse, mais personne ne se trouve à l'intérieur ; une Renault 4L fourgonnette est stationnée sur le côté.

Les deux gendarmes ne lésinent pas sur les moyens : les cinquante litres d'essence vont asperger les montants en bois à l'intérieur du restaurant. Aucun recoin n'est oublié. Puis c'est la mise à feu simultanée en deux endroits différents. Et là, c'est l'embrasement ! Une boule de feu due aux vapeurs d'essence et à l'appel d'air créé par l'ouverture de la porte devant laquelle se trouve le capitaine Norbert Ambrosse. Les gendarmes ont la sensation qu'une explosion vient de se produire. *« J'ai ressenti comme une énorme vague de chaleur,* se souvient Ambrosse. *J'étais rassuré, je n'étais pas en flammes. Seules les parties de mon corps qui n'étaient pas protégées étaient brûlées par ce coup de chaud. Le tour des yeux et les mains. Je me suis dirigé calmement vers la mer et j'y ai trempé mes mains. »*

« L'embrasement a été soudain, raconte au juge Lionel Dumont. *Il était très important. Sur le coup, je me suis demandé si nous n'avions pas été piégés. Je pense maintenant que non, parce qu'il y avait une petite brise, ce*

soir-là, qui a dû ventiler les vapeurs de carburant et produire l'effet d'explosion immédiat. »

Le capitaine Ambrosse et le lieutenant Tavernier rejoignent les deux guetteurs. Ils sont paniqués par ce qu'ils croient encore être une explosion. Ambrosse, sérieusement brûlé, est mal en point. Il tombe et perd sa cagoule. Pessé prend alors la décision de le raccompagner jusqu'au point de rendez-vous où Moulié doit récupérer l'ensemble de l'équipe. Tavernier et Dumont restent sur place. Dans l'affolement, le lieutenant a en effet égaré son poste radio Corail. Les mains brûlées, Ambrosse, accompagné de Pessé, se replie à travers le maquis ; leur progression n'est pas aisée.

« Ambrosse et moi avons longé le bord de mer jusqu'à Capu Neru, raconte le lieutenant Pessé. *Lorsque nous sommes arrivés à hauteur de la tour génoise, après environ deux heures trente de marche, le capitaine a passé deux coups de téléphone, dont l'un au colonel Mazères pour lui dire que la paillote était brûlée, que lui-même était blessé et qu'un poste radio avait été perdu. »*

Une fois leur mission remplie, les gendarmes avaient prévu un chemin de repli de douze kilomètres parmi les buissons. Moulié devait attendre le commando à partir de 6 heures, puis toutes les demi-heures à un point de rendez-vous situé à la croisée des chemins en direction de Marmontaja. Mais Ambrosse ne se sent pas la force d'avancer alors que le colonel Mazères l'attend de toute urgence à la caserne Battesti. Alors Ambrosse appelle une seconde fois. *« Il a demandé à Moulié de venir nous chercher,* reprend Pessé. *L'adjudant-chef est arrivé quinze minutes plus tard »* à bord d'une Citroën C25 verte. Ce véhicule sert habituellement de *« sous-marin »* :

il s'agit d'une fourgonnette utilisée par les gendarmes de la section des recherches pour mener des surveillances sans être repérés. Installé à l'arrière, Ambrosse reçoit des appels téléphoniques du colonel Mazères. À 7 h 30, les gendarmes regagnent Ajaccio. Moulié dépose Ambrosse chez lui. Pessé et Moulié décident alors de se changer rapidement, puis d'aller récupérer les deux autres gendarmes. *« En repartant, j'ai croisé le capitaine Ambrosse qui entrait à l'infirmerie. »*

Tavernier et Dumont sont restés sur place, tapis dans les fourrés. Ils attendent que l'intensité de l'incendie décroisse pour se rapprocher de la paillote et chercher le poste radio abandonné dans le sable. Mais, une fois l'alerte donnée par un pêcheur qui travaille pour Yves Féraud, les gendarmes remarquent des ombres munies de lampes-torches qui tournent autour du restaurant dont il ne reste plus qu'un amas de bois incandescent.

À 4 h 30, Tavernier et Dumont quittent les lieux. Sur leur dos, fourrés dans des sacs militaires, les deux lieutenants portent les bidons vides. Deux d'entre eux seront d'abord enterrés sommairement. Les autres seront dissimulés sous quelques pierres, sur une plage au sud de Cala d'Orzu.

À 8 heures, Éric Moulié et Franck Pessé reprennent la route pour Coti-Chiavari. Cette fois, ils circulent à bord de la Citroën ZX du capitaine Ambrosse. Un quart d'heure plus tard, alors qu'ils se trouvent à la hauteur de l'aéroport Campo dell'Oro, le colonel Mazères appelle sur le téléphone portable. *« Il nous a demandé de revenir à son bureau,* explique Franck Pessé. *Il nous a questionnés sur ce qui s'était passé. Il nous a dit qu'il devait immédiatement faire son compte rendu à la préfecture. Il a dit à l'adjudant-chef Moulié :* "Je suis obligé d'évoquer votre présence ; quatre officiers, cela fait trop !" *Moulié et moi, nous nous sommes regardés sans réagir. Le colonel nous a éconduits poliment. Nous sommes repartis récupérer Tavernier et Dumont.* »

C'est chose faite vers 11 heures. À midi moins le quart, fin de l'opération.

Tout le monde est de retour à la caserne Battesti. Il règne une atmosphère de branle-bas de combat à la légion de gendarmerie. Le colonel Mazères sait que les gaffes se sont accumulées. Tout d'abord, n'y tenant plus, lui-même a appelé le centre opérationnel de la gendarmerie à 6 h 12. Un appel anodin, mais qui n'a pas manqué d'attirer l'attention. Il a ensuite tenté de joindre le préfet Bernard Bonnet. *« Il n'a pas répondu,* a précisé Henri Mazères au juge. *Alors j'ai joint Gérard Pardini.* » À 6 h 30, le colonel découvre l'ampleur des dégâts. Le capitaine Ambrosse est blessé, un poste radio est perdu. Il convoque l'infirmier dans son bureau du premier étage de la légion : *« Lorsqu'il est arrivé, je lui ai précisé que ce que j'allais lui demander était confidentiel. Il devait se rendre chez le capitaine Ambrosse et le soigner dès que je le lui demanderais. »*

Vers 7 h 15, l'infirmier se rend donc au domicile du capitaine Ambrosse. Le colonel Mazières raconte : *« L'infirmier m'a appelé pour me préciser qu'il valait mieux que notre médecin-chef soigne le capitaine Ambrosse. J'ai bien sûr acquiescé. Puis il s'est avéré qu'il était nécessaire de faire prodiguer des soins au capitaine à l'hôpital. Nous manquions de moyens médicaux suffisants à l'infirmerie de la caserne. »*

En fin de matinée, Norbert Ambrosse rappelle le colonel Mazères. Les blessures sont plus sérieuses qu'il y paraissait dans un premier temps. Ses mains sont brûlées au troisième degré. Il faut changer régulièrement les pansements. Pour plus de discrétion, le capitaine décide d'anticiper son départ en permission, prévu pour la semaine suivante, et va en bateau rejoindre sa famille à Toulouse. C'est là qu'il sera opéré sous anesthésie générale.

Les malheurs du colonel Mazères sont loin d'être terminés. La nasse judiciaire se resserre petit à petit autour de l'opération « Paillotes ». Son subordonné, le lieutenant-colonel Bernard Burstert, le joint au téléphone en début de matinée : *« Il m'a annoncé que les enquêteurs avaient retrouvé près de la paillote un poste radio qui s'avérera être celui du GPS. À ce moment-là, pour garder la confidentialité de l'opération, je décide de préciser que ce poste se trouve là par hasard. Il avait été perdu par le GPS deux jours auparavant, au cours d'une vaste opération de police consécutive à l'attentat contre les bâtiments de l'armée de l'air »*, sur l'aéroport de Campo dell'Oro, à Ajaccio. Le FLNC-Historique avait revendiqué cette action.

Celle-ci a marqué la rupture de la trêve par le FLNC-Historique, au lendemain des élections territoriales, et a ravivé chez le préfet le sentiment qu'il fallait agir vite. Il craignait que la détermination des uns et des autres ne s'émousse. Le colonel Mazères dresse alors le constat suivant sur la situation en Corse : *« Le contexte n'a pas évolué aussi favorablement qu'on pourrait le souhaiter. Si l'on constate une forte chute de la délinquance, force est de constater que, pour ce qui concerne les attentats à l'en-*

contre des institutions, c'est le contraire. Par ailleurs, la contestation à l'encontre de l'État et donc du préfet est sinon croissante, du moins extrêmement forte. »

Bernard Bonnet a toujours pensé que son action devait être aussi vigoureuse que rapide. Devant le juge Cambérou, Gérard Pardini rappelle en ces termes les priorités du préfet : « [Il] *commençait à sentir dans les médias, y compris les médias nationaux, un fléchissement de leur soutien. Les difficultés du rétablissement de l'état de droit étaient de plus en plus apparentes. La notion de temps était importante pour lui. Il fallait faire vite. C'est dans ce contexte qu'il m'a parlé de détruire une paillote.* »

Le feu à la photocopieuse

Le préfet Bonnet, on l'a dit, est souvent qualifié par ses adversaires de « proconsul ». Enfermé dans sa préfecture, il vit en vase clos et s'offre pour seule sortie une marche hebdomadaire en compagnie du colonel Mazères. Il n'a qu'une confiance limitée dans la police. Ses rapports avec le directeur régional des Renseignements généraux se sont dégradés. Il conteste les méthodes de la police judiciaire. Il regrette la faiblesse de la police urbaine qui, à ses yeux, ne verbalise pas suffisamment les infractions au code de la route.

Quand il apprend qu'au cours d'une surveillance exercée autour de la paillote *Chez Francis*, les gendarmes ont relevé la présence d'une voiture de police banalisée affectée au commissariat d'Ajaccio, son sang ne fait qu'un tour. *« Il était possible d'imaginer que leur présence était liée à une mission de protection occulte »*, a-t-il déclaré au juge.

Gérard Pardini le confirme dans ses cinq feuillets d'aveux manuscrits : *« Cette information, que j'ai communiquée au préfet, a dû lui laisser penser que cela pouvait être une possibilité d'assainir un peu les mœurs policières en déstabilisant certains "copinages" locaux. Il m'a alors suggéré de faire trouver sur place* [près de la paillote *Chez Francis*] *un papier pouvant dire* "Féraud balance des flics". *Je l'ai écrit un soir avec le colonel Mazères et l'ai photocopié dans mon bureau à quelques exemplaires. Le colonel est parti avec. »*

Seul le capitaine Norbert Ambrosse semblait informé de l'existence de ces tracts accusateurs. *« Le lieutenant Tavernier m'a dit qu'il n'était pas au courant de ces tracts*, se souvient l'adjudant-chef Moulié. *Le capitaine Ambrosse les a sortis juste au moment de mettre le feu à la paillote. »* Ambrosse confirme : *« Pour moi, ils devaient tromper les enquêteurs, les amener sur de fausses pistes. »*

Bernard Bonnet se défend lors de son audition du 21 mai : *« Ce n'est pas moi qui ai eu l'idée de ces tracts, ni de leur contenu. J'ai découvert leur existence dans la presse locale le 21 avril 1999. J'ai encore moins eu l'idée de leur photocopie à quelques pas de mon bureau. »* Puis, plus persifleur, il ajoute : *« Sur ce point précis, lorsque Daniel Limodin était en mission d'inspection générale sur les conditions de fonctionnement de la chaîne de sécurité* [Jean-Pierre Chevènement, ministre de l'Intérieur, avait déclenché une mission de l'inspection générale de l'administration après les révélations sur l'affaire de la paillote. Les conclusions du rapport avaient été remises au Premier ministre le 8 mai], *il avait remarqué avec moi l'état de profond abattement de Gérard Pardini. »* Selon le préfet Bonnet, cet abattement était dû à un communiqué menaçant du FLNC-Historique, postérieur à l'incendie de *Chez Francis*, déclarant :

« Nous mettons en garde les commanditaires et les exécutants de ce plan suicidaire, les tenants d'une république fantoche et corrompue, ainsi que ceux qui, par leur lâche et servile silence, cautionneront de tels actes. Notre riposte sera toujours à la hauteur des attaques et des enjeux. Nous laissons juges les Corses de tels agissements de la part d'un État qui a choisi de se vautrer dans la fange barbouzarde. »

Bernard Bonnet avait, semble-t-il, quelques raisons d'en vouloir à Yves Féraud et de le désigner comme un informateur des policiers. Yves Féraud était l'un des piliers du mouvement de contestation opposé à la destruction des paillotes. Il avait également bénéficié de l'attention des Renseignements généraux, devenus la véritable « bête noire » du préfet. Selon lui, ce service était noyauté par les prétendus « réseaux » Pasqua et Joxe. Yves Bertrand, directeur central des RG, présentait le défaut d'avoir été nommé par un socialiste, Paul Quilès, puis confirmé à son poste par Charles Pasqua, soutenu par Jean-Louis Debré, enfin maintenu par Jean-Pierre Chevènement. Chaleureux, Yves Bertrand est un iconoclaste. C'est aussi une main de fer dans un gant de velours. Il a su s'entourer d'hommes de confiance qui lui sont d'une fidélité jamais prise en défaut. Son adjoint, Bernard Squarcini, agace encore davantage Bernard Bonnet. Plus jeune contrôleur général de France, présenté, parce que corse, comme un homme des fameux « réseaux » Pasqua, c'est en fait avant tout un serviteur de la République. Sans états d'âme, il applique la politique du gouvernement, que ce soit à l'heure de la négociation, sous Jean-Louis Debré, ou à l'heure de la répression, sous Jean-Pierre Chevènement. Mais Bernard Bonnet, pour sa part, le soupçonne de toutes les turpitudes.

Quand il reçoit un appel d'Yves Bertrand pour le sensibiliser au cas de la paillote de Féraud, Bernard Bonnet craint que ce dernier ne soit en fait un indicateur des policiers. *« Le préfet était réellement irrité contre les RG,* explique au juge le colonel Mazères. *C'est alors qu'il a décidé de faire diversion en faisant déposer un tract. Il permettrait à la fois d'orienter les enquêteurs sur une piste particulière, mais surtout de déstabiliser M. Féraud, compte tenu de la nécessaire publication du tract dans la presse. M. Pardini est allé dans son bureau alors que la porte de communication était ouverte. Après avoir pris un feutre, il a donc rédigé le tract que le préfet a lu avec une certaine gourmandise. M. Pardini est alors allé le photocopier en plusieurs exemplaires dans le secrétariat voisin. Il me les a remis. Je les ai donnés au capitaine Ambrosse en lui demandant d'en prendre soin et de ne pas y déposer d'empreintes digitales. »*

Quoiqu'il s'en défende, Bernard Bonnet est bien placé pour le savoir : à partir d'un document retrouvé, il est possible d'identifier la photocopieuse qui a servi à le dupliquer. C'est ainsi que Dimitrius Dragacci, ancien patron du SRPJ d'Ajaccio, avait été soupçonné d'avoir transmis un document confidentiel à la presse. Ce document, plus connu comme la « note Bougrier », du nom de l'ancien préfet adjoint à la sécurité, portait sur la nécessité d'engager des poursuites contre certains agriculteurs nationalistes, peu avant l'assassinat du préfet Claude Érignac. Les expertises avaient démontré que la photocopieuse du troisième étage de l'hôtel de police avait servi à copier ce document. Or, le bureau du patron de la PJ se trouvait à ce même étage. Bernard Bonnet s'était appuyé sur cette expertise pour obtenir le départ du commissaire Dragacci.

Le préfet est donc parfaitement au courant des progrès accomplis en matière d'investigations scientifiques quand, le 30 avril au soir, la photocopieuse de son cabinet prend feu.

Gérard Pardini avoue qu'il a lui-même versé de l'alcool à brûler dans l'appareil pour faire croire à un court-circuit. Selon lui, Bernard Bonnet se trouvait près de lui et tenait la bouteille de produit inflammable.

Là encore, le préfet se défend d'être impliqué dans les faits révélés par son ancien directeur de cabinet : *« Je laisse à M. Pardini la responsabilité de ses propos en regrettant leur inélégance, compte tenu de l'action non obligatoire que j'ai eue alors à couvrir son initiative. »* D'après lui, c'est *« avec stupéfaction »* qu'il découvre, le vendredi 30 avril vers 21 heures, que Gérard Pardini a photocopié les tracts *« Féraud balance des flics »* : *« J'ai franchement eu le sentiment de rendre service à Gérard Pardini,* déclare le préfet au juge. *Il était très ennuyé par la révélation qu'il me faisait. Je n'ai en aucune façon eu le sentiment de participer en quoi que ce soit à ce que vous avez appelé une destruction de preuve, tant j'ignore si un photocopieur peut ou non être un élément de preuve. »*

Chapitre 6

Quatorze mois d'action de Bernard Bonnet

« C'est l'homme qu'il faut là où il faut. » Une semaine après l'assassinat, le 6 février 1998, du préfet Claude Érignac, Jean-Pierre Chevènement vient installer à Ajaccio Bernard Bonnet, ancien préfet des Pyrénées-Orientales. Ce dernier est connu pour ses idées jacobines. En cela, il n'est pas très éloigné des positions du ministre de l'Intérieur. *« Il se retrouve dans les valeurs de Jean-Pierre Chevènement,* rapporte un de ses amis. *Il est très attaché aux concepts républicains. Il se montre à cette époque très préoccupé par l'absentéisme scolaire. Il croit en l'école de la République. Il inscrit son action dans une démarche citoyenne d'intégration et d'assimilation. En ce sens, il ne supporte pas les particularismes régionaux, notamment l'expression en catalan. »* Paradoxal, on l'a souligné, pour un énarque de la promotion « Guernica »...

À la mort du préfet Claude Érignac, il sait qu'il fait partie des deux ou trois candidats pressentis pour assumer la charge de préfet de région en Corse. Le dimanche 8 février, après un entretien avec Jean-Pierre Chevènement, il est convaincu qu'il sera nommé le mercredi suivant en Conseil des ministres. *« Il est déterminé,* témoigne son ami. *Mais il n'affiche pas d'excitation particulière. En fait, il se motive pour une mission qu'il sait difficile. »*

Les quatre premiers mois de Bernard Bonnet s'apparentent à un état de grâce. Mais, bientôt, l'homme ne se fait pas que des amis. Les élus insulaires comme les nationalistes, habitués à des représentants de l'État moins coriaces, ne cachent plus leur irritation face à cet homme à poigne. Qualifié de « gouverneur arrogant » par le FLNC-Historique, caricaturé en croisé dans un journal régional, le préfet, un an après son arrivée, défraie la chronique.

Du moins a-t-il eu le mérite d'énoncer clairement, d'entrée de jeu, les grands principes de sa mission en Corse : *« Pour assurer la paix, il faut faire respecter la loi sans considération de puissance ou d'opportunité. »* Des propos « révolutionnaires » pour une société où les mœurs politiques sont fortement imprégnées de traditions de féodalité et de clanisme.

Ses actes froissent ou exaspèrent tout autant. La puissante collectivité territoriale de Corse se voit ainsi mise en demeure, le jour même de son installation, le 26 mars 1998, de respecter le plan d'occupation des sols d'Ajaccio. La préfecture menace de faire détruire le beffroi, qui a été illégalement érigé. Déjà, le préfet Bonnet aime engager le fer. Il renouvellera l'opération le 9 avril 1999, en envoyant le génie militaire détruire deux paillotes alors même que l'Assemblée territoriale délibère sur une motion aux termes de laquelle l'État les autoriserait à poursuivre leur commerce jusqu'à la fin octobre.

Après un an de ce traitement, la Corse a bien changé, au point que certains ont l'impression qu'une chape pèse sur eux. *« Il nous arrivait de sentir en permanence une pression sur nous,* témoigne une restauratrice. *Le seul fait d'être corses nous désignait comme suspects de tout. Depuis que Bonnet est parti, j'ai la sensation de pouvoir à nouveau respirer un air plus frais. »*

Reprise en main des administrations, volonté farouche d'appliquer les lois de la République : les tenants de l'état de droit n'y voient que des avantages. Jusqu'à ce que la vraie nature de cette reprise en main apparaisse au grand jour. Les insulaires ne cessent de dénoncer une main de fer dans un gant d'acier. Vengeance d'État, présentation des Corses comme autant de boucs émissaires : une fraction grandissante de la population refuse de payer collectivement pour un assassinat, celui du préfet Érignac, qui a été l'œuvre d'un groupe isolé. Peu à peu, elle se met à redresser la tête pour dénoncer les clichés dont elle se sent affublée. Si les Corses ont accepté la fin de gabegies vieilles de vingt ans, ils refusent de passer pour des pirates de la République.

Par le passé, les élus corses ont à maintes reprises réclamé haut et fort la restauration de l'état de droit dans l'île. Par exemple, au lendemain de la démonstration de force du FLNC-Historique à Tralonca, en janvier 1996 : la classe politique locale s'était offusquée de voir le gouvernement, tout particulièrement le ministre de l'Intérieur, Jean-Louis Debré, annoncer l'ouverture de « discussions » avec *tous* les élus corses, nationalistes radicaux inclus. Les élus insulaires, dont Jean-Paul de Rocca-Serra, tout-puissant président de l'Assemblée territoriale et cacique du RPR, s'étaient émus d'un tel dialogue auprès du Premier ministre, Alain Juppé. Il est arrivé à Jean-Louis Debré de pester contre la méconnaissance des complexités du dossier corse chez Juppé et d'en appeler à Jacques Chirac. À l'Élysée, le conseiller du Président depuis tant d'années et pour tant d'avis tenus secrets, Maurice Ulrich, a continué à suivre minutieusement les affaires de l'île, et pas seulement parce qu'il passe depuis toujours ses vacances à Propriano. Mais, homme de l'ombre, il préfère laisser monter en première ligne le directeur de cabinet du Président, Bertrand Landrieu. Les autres, plus proches de Dominique de Villepin, secrétaire général de la Présidence, auraient souhaité une attitude plus ferme.

« On nous a beaucoup reproché la démonstration de Tralonca du 11 janvier 1996, déclare aujourd'hui François Santoni, alors leader de la Cuncolta pour la Corse-du-Sud. *Mais les conseillers de Debré souhaitaient que le FLNC-Historique démontre l'adhésion de l'ensemble du mouvement au processus de dialogue qui était engagé. »* L'effet Tralonca fut en fait déplorable. Les journalistes s'étaient rendus en cortège à la conférence clandestine annoncée depuis plusieurs jours, sans que leur eussent été imposées les traditionnelles précautions (yeux bandés, parcours de sécurité). Les clandestins ne semblaient visiblement pas redouter une irruption intempestive des forces de l'ordre. Celles-ci se contentèrent, en la circonstance, de relever discrètement les numéros d'immatriculation des voitures du cortège. Plus cocasse encore : avec une témérité inopportune, des gendarmes en patrouille frôlèrent la bourde en contrôlant le véhicule de quatre nationalistes ! Péremptoires, ces derniers les écondui-

sirent, sous le prétexte sans doute très politique, mais choquant, qu'ils revenaient de la conférence !

Ce n'est qu'après l'attentat commis contre la mairie de Bordeaux, le 5 octobre 1996 à 23 h 41, que le gouvernement opta pour une répression des cagoulés corses.

« J'ai tendu la main à tous ceux qui siègent à l'Assemblée territoriale de Corse, à ceux qui ont l'onction du suffrage universel, regretta Alain Juppé au lendemain de cette action perpétrée contre sa mairie. *Cette offre de dialogue a été rejetée par des organisations qui ont choisi la fuite en avant dans le terrorisme et la violence. »*

Dernier indice de la volonté nouvelle de fermeté du pouvoir politique : le juge Jean-Louis Bruguière fut chargé de l'instruction alors qu'il négligeait jusqu'à présent les dossiers corses.

Le préfet Claude Érignac avait engagé une reprise en main par l'État. Bernard Bonnet l'a poursuivie et amplifiée après l'assassinat de son prédécesseur. Cependant, très vite, ce processus de restauration de l'état de droit fait l'effet d'une douche froide. Sous l'impulsion du préfet, plusieurs missions de contrôle sont diligentées, mettant sur la sellette des élus influents. Ce qui conforte l'opinion dans ses soupçons sur le clientélisme ambiant.

Les premiers à faire les frais de cette opération « Mains propres » sont les tenants de la majorité régionale, traditionnellement ancrée à droite. Ainsi Paul Natali, ex-président (RPR) du Conseil général de Haute-Corse et président de la CCI de Bastia, est mis en examen pour « favoritisme » en septembre 1998. Une information judiciaire a été ouverte au mois d'avril précédent : le Conseil général avait attribué des marchés publics à des entreprises gérées par ses proches. Ce qui ne l'a pas empêché d'être élu sénateur, quelques mois plus tard, alors que sa défaite était annoncée.

De même, Émile Mocchi, maire (RPR) de Propriano, connaît des démêlés judiciaires. Condamné en juin 1998 pour « détournement de fonds publics », il a néanmoins été relaxé en décembre par la cour d'appel de Bastia. *« Le dossier était mal ficelé,* note un magistrat. *Voilà ce qu'il ne faut pas renouveler. »* Depuis lors, Émile Mocchi a été mis en examen pour *« favoritisme et prise illégale d'intérêts »* : on lui reproche une passation de marchés douteuse qui aurait bénéficié à des sociétés liées à sa famille.

Ensuite, le député José Rossi (Démocratie libérale), élu président de l'Assemblée de Corse en mars 1998, puis réélu l'année suivante après l'annulation du scrutin, a pris le relais. Trois affaires concernent le Conseil général de Corse-du-Sud, qu'il a longtemps présidé :

La première, relative à des fonds sociaux d'insertion « redéployés » vers un club sportif local, lui vaut, au printemps, d'être mis en examen. L'argent du RMI aurait servi en fait à financer des sportifs de haut niveau. Après son implication, José Rossi, qui conteste les faits, ne décolérait pas contre Bernard Bonnet, ce représentant de l'État qui *« fait du racisme anticorse »*.

En août 1998, une enquête préliminaire a été ouverte à la demande du préfet sur la gestion du Centre d'architecture, d'urbanisme et d'environnement (CAUE). Cet organisme avait cessé toute activité en 1992 en raison d'un lourd passif. Il a cependant continué à percevoir le produit de la taxe sur les permis de construire. Apparemment, sans rien de frauduleux : l'argent est resté sur un compte bloqué. José Rossi a dénoncé une manœuvre politicienne visant, selon lui, à *« jeter un écran de fumée sur la situation actuelle de la Corse, à un moment où l'État ne se distingue pas par son efficacité »*.

La dernière affaire, dite des transports scolaires, pourrait se révéler plus délicate : on soupçonne le Conseil général de Corse-du-Sud d'avoir financé des lignes de transport fictives, sans véritable appel d'offres.

Deux jours après l'interpellation du préfet Bonnet, le lundi 3 mai 1999, José Rossi se montre plus explicite devant une dizaine de journalistes politiques réunis dans un restaurant parisien : *« Bonnet avait un esprit de règlement de comptes. Sa première démarche visait les élus. Ce préfet dénonçait à la Justice par le biais de l'article 40, sans la moindre sommation. Alors que le contrôle de légalité exercé par les services de l'État n'avait rien signalé. C'est ce que j'appelle une intention de nuire du préfet. »*

Habile homme politique, José Rossi sait pouvoir surfer sur les vagues de mécontentement. Les Corses ne se sont pas reconnus dans le rapport de la commission d'enquête parlementaire rédigé par Jean Glavany. *« Jospin dit avoir été blessé par cette affaire de paillote,* s'amusait José Rossi au cours de ce déjeuner de presse. *Les Corses, eux, sont blessés de ce que l'on a dit d'eux. »*

Procédures tous azimuts

Pourtant, la Justice ne manque pas de fers au feu. Le dossier du Crédit agricole de Corse est révélateur des mœurs insulaires, et accablant pour la classe politique locale. Le 19 mars 1998, des inspecteurs généraux des Finances effectuent une « descente » au siège de la caisse régionale du Crédit agricole. Une opération d'une ampleur sans précédent. Le 4 avril, la PJ saisit deux tonnes de documents au siège corse de la « banque verte ». Le lendemain, une information judiciaire est ouverte pour *« faux et usage de faux, escroquerie, détournement de fonds publics et abus de biens sociaux ».*

Par la suite, l'inspection générale des Finances rédige un rapport effarant sur le fonctionnement et la gestion de la banque qui a consenti des prêts abusifs. L'établissement sera placé sous tutelle. Le juge Jean-Pierre Niel, du pôle économique et financier mis en place en septembre à Bastia, procède, le 16 décembre, à la mise en examen de la personne morale du Crédit agricole.

Avec ses 90 000 clients, le Crédit agricole joue de longue date un rôle prépondérant dans l'économie corse. En 1996, la banque totalisait à elle seule la moitié des encours de crédit insulaires, soit environ 6,5 milliards de francs. Entendu par les députés, le 16 avril 1997, Jacques-Denis Leandri, président de la caisse régionale de la « banque verte », avait même convenu : *« Au cours des trois ou quatre dernières années, le niveau des risques comptabilisés, créances douteuses, litigieuses ou prêts illégaux, a presque triplé. »* Ainsi, ces créances douteuses représentent près de 30 % des encours de crédit ! À la même date, le risque moyen en France pour le Crédit agricole atteignait seulement 8 %.

Depuis, Jean-Denis Leandri a été mis en examen, le 2 juin 1999. L'ancien directeur de la banque de 1985 à 1997, Jean-Claude Guazelli, a également été mis en examen par le juge bastiais Jean-Pierre Niel. Un véritable séisme en Corse ! Jean-Claude Guazelli, 53 ans, a été élu sur la liste d'union de la droite menée par José Rossi et

Jean Baggioni, président de l'exécutif de l'Assemblée de Corse. Il était considéré comme le grand argentier de l'île du fait de sa réélection à la présidence de l'Agence de développement économique de la Corse. Le budget de l'ADEC se montait à pas moins de 91 millions de francs. Vingt responsables ont été mis en examen dans cette affaire. Parmi eux : l'ex-conseiller territorial Michel Valentini, président des chambres d'agriculture de Corse et de Haute-Corse, et le conseiller municipal d'Ajaccio François Musso, ancien député européen et proche de Jacques Chirac.

Quant au sénateur UDF de Corse-du-Sud, Louis Ferdinand de Rocca-Serra, il a été cité à comparaître et condamné devant le tribunal correctionnel d'Ajaccio. En sa qualité de président du Parc naturel régional de Corse, il aurait fourni un emploi fictif au maire d'une petite commune. Il a fait appel de sa condamnation.

Avec ses 800 millions de francs d'impayés, la Mutualité sociale agricole est prise à son tour dans le tourbillon. Face au trouble suscité par les enquêtes menées dans le secteur agricole, le préfet Bonnet doit calmer les esprits. Lors d'une rencontre avec les représentants du monde rural, le 6 janvier 1999, il s'efforce de convaincre des vertus d'une action qui vise à plus de justice pour les « bons agriculteurs » lésés par les agissements des « agriculteurs virtuels ».

Les organismes bancaires ou parapublics en relation avec l'agriculture ne sont pas les seuls à être dans la ligne de mire des pouvoirs publics. Le 14 avril 1998, une enquête préliminaire est ouverte contre la Caisse d'aménagement et de développement économique de la Corse (CADEC). L'État et la collectivité territoriale corse en sont les principaux actionnaires. Or la CADEC affiche un passif de 400 millions de francs. Cette caisse devait aider au développement économique de l'île en se substituant aux banques jugées trop frileuses. Ses investissements n'ont guère été couronnés de succès, notamment dans la filière hôtelière. Pire : après seulement trois ans d'existence, la filière « Pierre » est déficitaire. Qu'à cela ne tienne : la CADEC renfloue ! Toujours plus fort : la CADEC, qui doit exclusivement investir en Corse, injecte 45 millions de francs dans le Crédit naval... hors de Corse ! L'information judiciaire ouverte depuis lors suit son cours de façon *« régulière et soutenue »*.

Quelques notables de gauche comme Dominique Bucchini, maire (PC) de Sartène, et Laurent Croce (PS), président du district de Bastia, ont également essuyé les effets du coup de torchon. Toutefois, aucune mise en examen n'a été prononcée à leur encontre. Aussi la droite s'étonne-t-elle de la mansuétude témoignée aux élus de gauche, également épargnés par le rapport au vitriol de la commission d'enquête parlementaire Glavany.

Reste que la classe politique traditionnelle attendait son heure pour dénoncer cette *« vengeance d'État »*. Les élus n'ont eu de cesse de contester le *« zèle excessif »* des pouvoirs publics. Cette critique de l'état de droit est devenue un cheval de bataille à l'approche des élections territoriales de mars 1999. Un mot d'ordre dont ont principalement bénéficié les nationalistes, avec près de 17 % des voix et huit élus sur cinquante et un.

Un an après l'assassinat du préfet Claude Érignac, ceux-ci, que l'on imaginait durablement affaiblis, ont redressé la tête. Ils figuraient pourtant parmi les premières cibles des enquêteurs. Le courant nationaliste a ainsi doublé son score en un an. Les précédentes élections de 1998 avaient été invalidées pour fraude. Bien qu'ils n'atteignent pas leur niveau historique de près de 25 %, obtenu en 1992 par deux listes, Corsica Nazione et le Mouvement pour l'autodétermination (MPA), les nationalistes ont mobilisé sur le thème de la résistance à la politique de fermeté de l'État, et en dénonçant le *« régime d'exception instauré en Corse »*. De son côté, le ministre de l'Intérieur a analysé ces scores selon une logique toute personnelle en soulignant que *« 84 % des votants ont marqué leur rejet de l'action clandestine et de la violence armée »*.

Guerre déclarée au FLNC-Historique

Bernard Bonnet a accordé une attention toute particulière au démantèlement des soutiens apportés au FLNC-Historique. Le 22 janvier 1999, trois arrêtés-couperets sont pris par le préfet de Haute-Corse, Bernard Lemaire. Ils visent la société Bastia Securita, présentée par le rapport Glavany comme une *« officine sociale d'A Cuncolta Indipendantista, qui n'emploie évidemment que des nationalistes patentés »*. Cette société détenait jusqu'alors les trois quarts d'un marché très lucratif, celui des transferts de fonds entre les grandes enseignes commerciales et les banques. Les attendus des trois arrêtés mettant fin à l'activité de Bastia Securita sont confondants :

> *« Considérant que François Santoni, directeur commercial, a fait l'objet d'une mise en examen le*

16 décembre 1996 pour tentative d'extorsion de fonds, qu'il fait en outre l'objet de poursuites pénales pour infraction à la législation sur les armes ;

Considérant que Jacques Mosconi, agent commercial, a fait l'objet d'une mise en examen des chefs de complicité d'assassinat et association de malfaiteurs, le 15 novembre 1995 ;

Considérant que Christophe Pieri, responsable de la sécurité, a fait l'objet d'une mise en examen avec mandat de dépôt des chefs d'association de malfaiteurs, infraction à la législation sur les armes et munitions, infraction à la législation sur les explosifs le 3 octobre 1998,

Il convient de suspendre l'autorisation de fonctionnement délivrée à Bastia Securita.

[Signé :] *le préfet de Haute-Corse, Bernard Lemaire. »*

Le 13 octobre 1998, au cours de trois perquisitions retentissantes dans les agences de Bastia Securita à Bastia, Ajaccio et Porto-Vecchio, les policiers avaient découvert huit fusils à pompe et armes de poing illégalement détenus. Bernard Bonnet entendait mettre fin à ce paradoxe corse qui voulait que l'administration ne se fût jusqu'alors jamais offusquée des liens patents entre les nationalistes et Bastia Securita. Il est vrai que l'arrivée en 1986 des nationalistes dans cette activité de transports de fonds avait permis de résoudre un triple problème : l'abandon du terrain par Securipost, victime d'agressions à répétition, le harcèlement exercé par les organisations nationalistes, et les braquages de fourgons par la fameuse bande de voyous de « la Brise de mer ».

La reprise en main n'épargne pas les agents de l'État. Pierre Cardona, directeur de l'Agence régionale d'hospitalisation, installé en octobre 1996, est remercié le 1er avril 1998 en Conseil des ministres. Il n'a pas su gérer les conflits sociaux avec les syndicats hospitaliers. Au bout de deux mois de conflits, Bernard Kouchner, secrétaire d'État à la Santé, très attaché au sort de la Corse, a dû intervenir. Deux semaines plus tard, le commissaire Dimitrius Dragacci, patron du SRPJ de Corse, est remplacé par Frédéric Veaux, patron des « stups » à Marseille. Dragacci était devenu la bête noire du préfet Bonnet et de Roger Marion, patron de la division nationale antiterroriste de la PJ[1]. Le même jour, 15 avril, Bernard Pomel, préfet de Haute-Corse, laisse sa place à Bernard Lemaire, jusqu'alors préfet adjoint à la sécurité. Bonnet reproche à Pomel les carences de son administration en matière de contrôle de légalité, notamment dans la passation de certains marchés publics par le Conseil général de Haute-Corse. Francis Spitzer, ancien sous-préfet de Béziers, devient préfet adjoint à la sécurité.

La Justice y va également de son toilettage. Le procureur général de Bastia, Jean-Pierre Couturier, est « promu » avocat général au palais de justice de Paris. Il avait choqué, en 1996, en invitant les magistrats insulaires à faire preuve de *« circonspection »* dans les dossiers liés au nationalisme. Son successeur, Bernard Legras, est arrivé en juin, auréolé d'une solide réputation de magistrat anticorruption acquise à la Réunion. À ce moment, Bernard Bonnet voit ces changements d'un bon œil : *« Ces nominations s'inscrivent parfaitement dans la stratégie de l'État en Corse, qui a pour objectifs le respect*

---

1. Voir chapitre 8.

de la loi et surtout le soutien au développement économique de l'île. »

Aucun secteur n'est épargné. La remise à plat touche aussi, on l'a vu, l'administration hospitalière. Fin mai 1998, le directeur de l'hôpital de Bonifacio, Jean-Marie Ciabrini, est suspendu de ses fonctions. Il est même interpellé et entendu dans le cadre d'une information judiciaire. La chambre régionale des comptes a épinglé le fonctionnement de cet hôpital. La publication du rapport Glavany sur l'utilisation des fonds publics en Corse se montre d'ailleurs extrêmement sévère à l'égard des hôpitaux insulaires. Ces critiques entraînent indirectement le départ du directeur du centre hospitalier de Bastia et celui du directeur du SAMU de Haute-Corse. L'organisation des urgences avait été sérieusement mise en cause à la suite de plusieurs décès survenus par manque de coordination entre les différents services.

Le directeur régional de l'Agriculture et de la Forêt est remplacé. La fusion de la direction régionale des Affaires sociales et de la DDASS de Corse-du-Sud permet la suppression du poste de directeur départemental. Enfin, Philippe de Casalta, directeur controversé de la Société d'aménagement foncier et rural (SAFER) de Corse, perd son fauteuil : le ministère de l'Agriculture s'est étonné qu'il cumule ces fonctions avec celles de directeur de la chambre d'agriculture de Haute-Corse.

L'administration fiscale est aussi fermement priée de se mettre au goût du jour, celui de la rigueur retrouvée. *« La loi fiscale n'est pas appliquée en Corse dans les meilleures conditions »*, a relevé le rapport de la commission d'enquête parlementaire sur l'utilisation des fonds publics en Corse. Le recouvrement de l'impôt y est *« très en retrait par rapport* [...] *aux autres départements ».* Dès octobre 1997, sous Claude Érignac, les services de l'État ont mis en œuvre un plan d'action pour y remédier. Ce plan, qui s'inscrit dans la durée, est déjà couronné d'un certain succès. Les impôts rentrent mieux. Selon Jean-François Profizi, délégué régional du Syndicat national unifié des impôts (SNUI), cela résulte de *« l'augmentation du pourcentage de paiements spontanés. Elle tient à l'exonération de la taxe professionnelle qui dégage de la trésorerie et facilite le paiement de la TVA, comme à l'amélioration du chiffre d'affaires grâce à une meilleure saison touristique ».* Pour ne pas parler d'un regain de civisme des contribuables, confrontés à des services devenus plus regardants et plus sévères...

Mais, selon ce syndicaliste, la principale nouveauté réside dans *« une meilleure collaboration des banques, elles aussi soumises aux contrôles et à la mise en œuvre, sur l'ensemble du territoire national, d'un traitement informatisé des avis à tiers détenteur »*, ce qui permet un suivi plus rapide des dossiers.

Après des décennies de laxisme et d'abus, le préfet Bonnet a ainsi impulsé une sérieuse reprise en main du contrôle de légalité. *« Faux !* s'insurge José Rossi. *Il a juste multiplié les tracasseries au quotidien ! »* Au cours de l'année 1998, ce retour au contrôle de légalité s'est traduit, pour le seul département de la Corse-du-Sud, par 130 recours devant le juge administratif, contre 47 en 1997. Ce qui a débouché sur diverses opérations de démolition, comme celle du beffroi de l'hôtel de région à Ajaccio, ou celle du complexe touristique d'Alba Serena, en Haute-Corse.

Les pendules ont été remises à l'heure dans de nombreux domaines. Ainsi, en matière de prestations sociales, la COTOREP, dont le fonctionnement a été sévèrement critiqué dans le rapport Glavany, a été entièrement réorganisée (dissolution de la commission, changement de l'équipe médicale, refonte des procédures), avec des résultats immédiats. Le taux de refus de l'allocation adulte handicapé, naguère de 10 % en moyenne, oscille désormais entre 40 et 50 %. Des mesures identiques ont été prises pour les recouvrements URSSAF et ASSEDIC.

Dans un rapport remis au mois de juillet 1998, l'Inspection générale des affaires sociales (IGAS) dénonce de nombreuses irrégularités dans l'attribution du revenu minimum d'insertion (RMI) par la DDASS et la Caisse des allocations familiales (CAF). Selon ce rapport, les deux départements corses comptent chacun *deux fois plus* d'allocataires du RMI que d'autres départements français ayant un nombre d'habitants similaire. Ainsi la Corse-du-Sud compte 4 225 allocataires, quand l'Ariège en compte 2 969 et la Creuse 1 670.

N'en déplaise à certains employés de la Caisse des allocations familiales, l'IGAS dénonce ensuite les comportements locaux des administrations : *« En Corse-du-Sud, le dispositif RMI n'est pas piloté. Les ouvertures du droit au RMI se caractérisent par le non-respect des textes législatifs. La DDASS ouvre droit au RMI et radie les allocataires selon ses propres critères, qui n'ont effectivement rien à voir avec les textes législ-*

latifs et réglementaires. » La conclusion de l'IGAS est sans appel : *« Il est tout à fait probable que l'allocation RMI ait été distribuée sinon largement, tout au moins à de nombreuses personnes qui n'auraient pas dû en bénéficier. Il n'y a aucun risque pour ceux qui fraudent dans une société quelque peu fermée, car insulaire. Cela doit se savoir... »*

Quatorze mois après l'assassinat du préfet Érignac, les choses ont donc bien changé. Mais les insulaires restent sceptiques. En effet, ce n'est pas la première fois que l'État tente d'imposer le respect de la légalité républicaine. Déjà, en 1983, le préfet de région Paul Bernard avait remis de l'ordre. Selon le rapport Glavany, *« l'analogie entre les actions de Paul Bernard et celles menées aujourd'hui par le préfet Bernard Bonnet est confondante : de nombreuses inspections et missions de contrôle avaient été lancées dans les organismes les plus variés* [...]. *Le contrôle de légalité et budgétaire sur les actes des collectivités locales avait été renforcé, des procédures judiciaires engagées en matière de marchés publics* [...], *les aides publiques allouées à différents secteurs étaient l'objet d'un suivi attentif...* » Reste que la politique engagée par Paul Bernard n'avait pas perduré, en l'absence de volonté parisienne.

Jusqu'aux derniers jours précédant son incarcération, Bernard Bonnet n'a cessé de marteler à l'adresse de ceux qui en doutaient que l'action de l'État doit s'inscrire dans la continuité. Mais, après une adhésion quasi générale à cette politique musclée, les Corses ont peu à peu relevé la tête, dénonçant pêle-mêle les tracas infligés par l'État : comptes bloqués, procédures de recouvrement forcé, refus de paiements échelonnés, etc. Souvent, ces craintes et ces critiques étaient exagérées. Bernard Bonnet n'en redoutait pas moins un retournement de l'opinion. D'autant plus que certains fonctionnaires, qualifiés par le préfet de *« contrefacteurs de l'état de droit »*, faisaient preuve d'un excès de zèle vraiment hors du commun...

En dépit de l'exaspération de certains Corses, Bernard Bonnet avait remis au travail les administrations. Mais ce retour à l'état de droit ne pouvait assurément pas passer par l'incendie de restaurants de plage...

Chapitre 7

6 février 1998 : mort de Claude Érignac

Disposant de tous les pouvoirs pendant l'absence de Jean-Pierre Chevènement, délaissé depuis le retour de ce dernier place Beauvau, Bernard Bonnet peut légitimement avoir des regrets : à cause de cette sinistre affaire de paillotes, il a vécu depuis sa cellule de la Santé le dénouement de l'enquête sur l'assassinat de son prédécesseur, Claude Érignac. Son premier avocat, Me Georges Kiejman, a beau souligner que le préfet avait livré dès la fin de l'année précédente les noms des assassins présumés dans deux notes adressées au procureur de Paris, les policiers l'accablent encore aujourd'hui : en faisant mener, à l'été 1998, une enquête parallèle par la gendarmerie, il aurait retardé l'épilogue de trois mois, s'est plaint Roger Marion, tout-puissant patron de la division nationale antiterroriste (DNAT) de la police judiciaire.

Le jeudi 20 mai 1999, à la veille de l'audition de Bernard Bonnet par le juge ajaccien Patrice Cambérou, Patrice Bergougnoux, directeur adjoint du cabinet du ministre de l'Intérieur, donne le feu vert à Roger Marion pour interpeller la bande de Ferrandi. L'opération était initialement programmée pour la première semaine de juin. Mais le contexte politique ne manque pas de précipiter le cours des choses. Le mardi suivant, l'opposition doit défendre à l'Assemblée sa motion de censure sur la politique du gouvernement de Lionel Jospin en Corse. Ce doit être le point d'orgue d'un mois de polémiques incessantes. Jean-Pierre Chevènement, affaibli d'avoir trop soutenu le préfet Bonnet, attend son heure. Lui, sait depuis plusieurs semaines qu'il a un atout maître dans son jeu. Il sait que la police est sur le point d'interpeller les assassins présumés du préfet Claude Érignac. Seize mois après les faits...

Le mois de février 1998 avait été l'un des plus cléments qu'on eût connus depuis longtemps en Corse. On avait la sensation de se trouver déjà au printemps. Pourtant, les Corses baissaient la tête. *« Basta ! »* (« Assez ! ») : ce cri si souvent répété depuis vingt-cinq ans avait encore retenti, en hommage au préfet Claude Érignac. Cette fois, en saluant la mémoire du plus haut fonctionnaire de la République présent dans l'île, abattu en pleine rue le vendredi 6 février de trois balles dans la tête à moins de trois cents mètres du palais de justice, les Corses souhaitaient affirmer que la violence n'avait que trop duré.

Était-ce parce que c'étaient des lycéens – *« l'avenir de l'île »*, comme ils le soulignaient eux-mêmes – qui portaient ces cinq lettres sur une banderole ? Était-ce, comme on aurait aimé l'espérer et comme le soulignèrent d'un même élan Jacques Chirac, Lionel Jospin et Jean-Pierre Chevènement, parce que *« la folie meurtrière, la politique du pire »* était désormais rejetée par l'ensemble des Corses, au point que les mentalités insulaires s'en trouvaient transformées ?

Plus pessimistes à force d'en avoir trop vu, les acteurs de la vie sociale corse, eux, craignaient qu'une fois l'émotion retombée, après les funérailles, tout ne reprît sa place, hors l'état de droit.

De fait, douze heures à peine après la mort du préfet de région, en face de la préfecture, cours Napoléon, certaines scènes de la vie courante paraissent troublantes. Ainsi, un policier éprouve les pires difficultés à convaincre une femme d'une quarantaine d'années qu'elle ne peut stationner là, alors même que Lionel Jospin et Jean-Pierre Chevènement se recueillent sur la dépouille de Claude Érignac. *« Mort du préfet ou pas, il faut bien que j'aille au tabac ! »* s'emporte cette passante. Finalement, elle obtient gain de cause : l'attitude citoyenne a depuis longtemps laissé place aux arrangements petits et grands.

La Corse présente de nombreux symptômes cliniques de schizophrénie. Elle pleure le préfet Claude Érignac, se couvrant la tête de cendres ; et soutient dans le même temps, au moins par son silence, les pires dérives.

Sur l'issue de l'enquête qui commence, l'optimisme n'assaille pas les Corses ; c'est un euphémisme ! Comme toujours, il y a les crimes et le dessous des crimes. Qui donc pouvait avoir un intérêt, les moyens et l'envie de déclarer aussi ouvertement la guerre à la métropole ? Jamais en Corse, depuis plus de vingt-cinq ans que durent les hostilités avec les nationalistes, la violence n'avait atteint un pareil symbole. C'est donc d'une revendication non signée, mais authentifiée par le numéro de série de l'arme du crime, qu'il convenait de partir. La missive en question avait été postée le samedi matin, quelques heures après l'assassinat, à des nationalistes désormais « rangés ». Troublant ! Et, de fait, les services de renseignement font preuve sur ce point d'un grand scepticisme...

Les différents mouvements nationalistes, clandestins ou publics, ont immédiatement condamné l'assassinat du préfet. On sait que les scissions qui affectent cette mouvance tous les six mois ont notoirement affaibli le monde des « cagoulés ». Certains *« électrons libres »* – ainsi qu'ils sont pudiquement désignés dans l'île – ont-ils pu, de leur propre chef, décider de commettre un acte d'une portée aussi emblématique ?

Tout a débuté dans la nuit du 5 au 6 septembre 1997 avec l'enlèvement de deux gendarmes et le plasticage de la gendarmerie de Pietrosella, sur la rive sud du golfe d'Ajaccio, suivis d'une série de revendications tout aussi mystérieuses les unes que les autres.

Très vite, les regards des enquêteurs se sont tournés vers un nationaliste radical, Marcel Lorenzoni. L'homme s'est toujours montré aussi prudent que déterminé. Au ban de la Cuncolta, il n'a pas renoncé à l'idée de la lutte armée. Interpellé le lundi 9 février 1998 à Corte, il est mis en examen et écroué à Paris après que les enquêteurs ont découvert à son domicile de Bastelica dix-huit bâtons de dynamite. Pour autant, le lien avec l'assassinat du préfet Érignac n'est pas établi.

S'il n'y a plus aucun mystère sur l'arme du crime, qui a bel et bien été dérobée aux gendarmes, Lorenzoni, selon ses proches, n'a pas l'envergure pour avoir assumé un tel assassinat. Et qui se cache derrière les meurtriers ?

« Le nationalisme corse s'est fondé sur un acte fort, la prise de la ferme vinicole d'Aleria[1], notaient déjà les spécialistes de la cause corse aux Renseignements généraux. *Il lui fallait un acte tout aussi puissant pour se refonder. Ces ultras entendent démontrer l'échec des précédents mouvements qui ont joué de front sur le terrain politique et sur le terrain militaire. Pour eux, c'est sur le dos de l'État que les différents courants nationalistes pourront se rejoindre. »*

Trop de sang, d'insultes, de coups bas... Après avoir longtemps voué prioritairement une haine farouche à l'État, les nationalistes s'étaient mis à réserver de plus en plus cette disposition à leurs anciens « frères d'armes ». Depuis 1995, ils se sont déchirés au risque parfois de s'entre-tuer. Près d'une vingtaine d'entre eux sont d'ailleurs tombés sous les balles. Or, si la Corse est terre de particularismes, il en est un qui habite tous habitants : le culte des morts. Un culte qui peut être lourd de menaces.

« Les nationalistes s'étaient engagés dans un match au finish. *Il ne pouvait y avoir qu'un vainqueur : le plus fort »*, craignaient les policiers. Pas moins de quatre organisations clandestines et autant de mouvements publics s'affrontaient, à couteaux tirés, sur le terrain des surenchères nationalistes. Qu'ils aient été anciens, puissants, au service d'un homme ou sur la voie de la refondation, tous redoutaient une « Saint-Barthélemy » depuis la mort, le 15 juin 1993, de Robert Sozzi.

---

1. Le 22 août 1975, les gendarmes donnent l'assaut à une cave vinicole, occupée par une cinquantaine de militants autonomistes de l'ARC regroupés autour du docteur Edmond Siméoni. Le gouvernement décide de recourir à la force pour mettre fin à l'occupation de la cave appartenant à un viticulteur pied-noir. Lors de l'assaut, deux gendarmes sont tués.

Le tableau est sombre. Près de vingt-quatre ans après la révolte d'Aleria, les idées ne sont certes pas mortes, mais les « cagoulés » de toute obédience les ont plus ou moins perdues de vue pour sombrer dans le culte de la personnalité, du pouvoir, de l'argent facile, de la reconnaissance réservée aux petits chefs.

De loin le plus armé et le plus déterminé, le FLNC-Historique a subi de nombreuses mutations. Il a été créé par des militants honnêtes, opposés aux anciens dirigeants du seul FLNC existant jusqu'en 1990, baptisé aujourd'hui FLNC-Canal habituel. Rapidement, ceux-ci ont été écartés par des seconds couteaux en mal d'action militaire. Selon la police, *« ces derniers avaient une idéologie jusqu'au-boutiste et disposaient d'un armement puissant. Ils étaient structurés en commandos essaimés sur l'ensemble de la Corse. Au début, ils n'étaient présents qu'aux environs de Bastia, près de leur chef... »*. Ils ont recruté des gens jeunes à qui la panoplie du parfait militant a été fournie : tenue noire, cagoule, armes et parfois téléphone portable.

Ces nationalistes étaient loin de faire l'unanimité. Les autres branches leur reprochaient un fonctionnement de type mafieux, ainsi qu'une volonté hégémonique. C'est pourtant avec eux que le gouvernement choisit de négocier entre 1993 et 1996. Officiellement, les discussions sont alors menées avec A Cuncolta Indipendantista, bras politique du FLNC-Historique. Mais, comme le reconnaît un de ses dirigeants : *« Je suis à la Cuncolta et au Front. Il n'y a pas de différence entre les deux. Le message est le même ; seul le moyen de le véhiculer est différent. C'est comme le discours d'un ministre : il peut être retransmis par la télévision ou la radio ! »*

Pour l'heure, le FLNC-Historique est très affaibli et disposé à décréter une trêve de longue durée ; mais sa capacité de nuisance reste importante. Depuis l'arrestation de ses chefs, les policiers craignent une généralisation du phénomène brigadiste chez des soldats perdus, souvent livrés à eux-mêmes. À deux années d'intervalle, le FLNC-Historique a vu François Santoni et Charles Pieri, ses deux dirigeants présumés, incarcérés :

François Santoni tombe le 16 décembre 1996 avec sa compagne d'alors, l'avocate Marie-Hélène Mattei. Tous deux sont mis en examen pour avoir tenté de racketter Michel Dewez. Cet ancien pilote de ligne est depuis 1961 l'heureux propriétaire du domaine de Sperone, près de Bonifacio. Au fil des ans, il a aménagé un golf et fait bâtir des maisons de cèdre rouge fondues dans le paysage entre ciel et mer. Paul-Loup Sulitzer, Christine Ockrent, Micheline Presle, Jean-Pierre Soisson s'y croisent durant les mois d'été. D'après Michel Dewez, Marie-Hélène Mattei, disant agir au nom de François Santoni, aurait exigé quatre millions de francs. Les deux derniers contestent la version du premier. Depuis les faits, Marie-Hélène Mattei et François Santoni ont été relâchés dans l'attente de leur procès.

Le 30 septembre 1998, Charles Pieri, leader de la Cuncolta pour le Nord, membre présumé de la direction du FLNC-Historique, est interpellé au sud de Bastia, près du stade de Furiani. Au terme de quarante-cinq minutes de négociation, les policiers du SRPJ d'Ajaccio, assistés par la DNAT et par le RAID, parviennent à pénétrer dans la maison qu'occupait confidentiellement Pieri depuis l'été. Soixante-dix bâtons de dynamite, douze armes automatiques, deux fusils d'assaut et une grenade y sont découverts. Outre Charles Pieri et son fils, les enquêteurs arrêtent Antoine Paoli : celui-ci était recherché comme témoin de l'assassinat d'un nationaliste rival, membre du FLNC-Canal habituel, Pierre Albertini, en août 1995.

Longtemps considéré comme le mouvement moteur du nationalisme en Corse, le FLNC-Canal habituel est officiellement dissous. En réalité, il existe encore pour préserver la sécurité physique de ses militants. Il a longtemps perçu l'« impôt révolutionnaire », plastiqué des bâtiments publics pour contraindre l'État à négocier un statut spécifique pour la Corse, détruit les complexes touristiques qu'il estimait en infraction avec la loi sur le littoral. Ses commandos ont désormais remisé leurs armes ou ne les ont plus utilisées qu'à des fins plus ou moins personnelles.

Malgré la montée en puissance du FLNC-Historique, le Canal habituel a d'abord traité par le mépris ces nouveaux clandestins. Il s'agissait pour eux de respecter l'engagement pris auprès du ministre de l'Intérieur de l'époque, Pierre Joxe, de s'en tenir au combat exclusivement politique.

Cette révolution « culturelle » avait un cadre, le Mouvement pour l'autodétermination (MPA). Mais, avec la guerre entre les deux FLNC, les vieux démons ont resurgi. Pour des raisons de sécurité, le chef emblématique du MPA, Alain Orsini, s'est progressivement désengagé du terrain. Il ne met plus aujourd'hui que rarement les pieds en Corse. Ses militants ont abandonné la place. Les dirigeants du mouvement ont eu beau tenter d'expliquer qu'ils reprenaient leur bâton de pèlerins, leur audience n'a cessé de chuter. Et les rumeurs accusant d'affairisme ses anciens leaders sont loin d'être oubliées.

Discrédité, ce parti a annoncé, le 15 mai 1999, son auto-dissolution.

Resistenza, premier mouvement à avoir fait scission avec le FLNC en 1989, est, lui, au service d'un homme, Pierre Poggioli. Père fondateur du mouvement clandestin, celui-ci peut encore compter aujourd'hui sur une poignée de militants dévoués. Mais il est marginalisé depuis la tentative d'attentat à l'occasion de laquelle il a frôlé la mort, à l'été 1993. Leader du mouvement politique ANC, Pierre Poggioli était un adversaire déterminé du FLNC-Historique qu'il accusait de tous les maux. Aujourd'hui, il égrène ses mémoires dans des ouvrages contestés.

Dernier né, le 5 mai 1996, le FLNC (sans autre qualificatif) est un mystère insulaire. Ses dirigeants se sont dits proches du mouvement politique Corsica Viva. Mais, dans ses premiers mois d'existence, ce parti semblait afficher une réelle volonté de refonder le nationalisme, lequel souffrait à l'évidence d'un déficit d'image. L'expérience a tourné court et Corsica Viva s'est fondue dans la démarche de nationalistes opposés à la violence. Ceux-ci se sont regroupés sous la bannière Uniti lors des dernières élections territoriales, sans pouvoir toutefois franchir la barre des 5 % au premier tour.

Claude Érignac entre jovialité et fermeté

La Corse a donc pris peu à peu l'habitude de la violence et d'égrener sa litanie de morts. Mais, après l'assassinat de Claude Érignac, flotte dans l'air ajaccien un profond sentiment de tristesse et de révolte. Nommé par la droite, le préfet Érignac identifiait parfaitement l'exercice de sa fonction à la nouvelle approche du dossier corse voulue par Alain Juppé. Énergique et humain, il avait été confirmé à son poste par la gauche, qui appréciait son sens de l'État. En seize mois de présence sur l'île, ce Cévenol à la rigueur protestante avait multiplié contrôles et enquêtes dans tous les domaines. Champion vétéran de tennis sur l'île, il savait aussi se servir de son endurance pour disputer en fin stratège une partie serrée avec les élus, les acteurs économiques, ceux qu'il soupçonnait de blanchir l'« argent sale ». À la différence de son successeur Bernard Bonnet, en revanche, il n'appréciait pas le choc frontal et médiatique.

Passionné de nature, ses échappées belles à pied ou à vélo, sans protection particulière, avaient renforcé sa volonté de s'opposer à la « bétonnisation » du littoral. Il venait ainsi de demander aux élus corses de revoir leur projet de schéma d'aménagement de l'île. Le document, présenté fin 1997 par l'Assemblée territoriale, prévoyait d'assouplir les contraintes de la loi. Pour les mêmes motifs, Claude Érignac avait décidé de geler toute construction sur la frange littorale qui ourle l'aéroport Campo dell'Oro d'Ajaccio.

Face aux côtes de Sardaigne, l'extrême sud de l'île était un pôle majeur de préoccupation du préfet Érignac. Suspicieux, il venait de s'opposer à la vente par l'armée de la citadelle Montlaur de Bonifacio, où a longtemps séjourné la Légion étrangère. La société candidate à ce rachat prévoyait d'y aménager un luxueux complexe hôtelier et un casino. Plusieurs investisseurs indésirables étaient sur les rangs : l'un d'eux installé à Miami, ainsi qu'une famille de Bonifacio déjà propriétaire de plusieurs discothèques. Claude Érignac avait demandé une enquête approfondie sur les divers candidats, ainsi que sur plusieurs entreprises proches des nationalistes et sur certains élus apparentés au RPR. Cette fameuse note, datée du 15 octobre 1997, connue sous le nom de « note Bougrier », une fois révélée par la presse, avait laissé penser – à tort – que les assassins de Claude Érignac pouvaient se trouver parmi les personnes qui y étaient mises en cause.

Les dossiers brûlants avaient tendance à s'accumuler sur le bureau du préfet Érignac. Ainsi celui du casino d'Ajaccio, établissement devant lequel il passait tous les dimanches pour aller chiner aux Puces, et qui souhaitait agrandir son parc de machines à sous de quarante bandits-manchots supplémentaires. *« Je m'y opposerai par tous les moyens à ma disposition »*, avait répondu le représentant de l'État.

Le préfet venait également de faire casser le contrat léonin liant la ville d'Ajaccio à une société privée dirigée par Noël Pantalacci, premier adjoint au maire et proche de Charles Pasqua, pour la gestion des parkings municipaux. Préfet souriant mais ferme, Claude Érignac ne rechignait pas à s'en prendre aux élus, notamment à José Rossi, président du Conseil général de Corse-du-Sud, tout en y mettant les formes. Ainsi, il s'intéressait de fort près au syndicat intercommunal de la rive sud d'Ajaccio : le SIVOM avait investi 148 millions de francs dans la réalisation d'un réseau d'approvisionnement en eau, géré par Vivendi, alors que son coût initial avait été fixé à 18 millions de francs. Dix-huit mois après la mort de Claude Érignac, la police judiciaire d'Ajaccio continue de porter un intérêt tout particulier à ce dossier.

Anonymes ou émanant de personnalités en vue, les condoléances des Corses ont vite couvert les registres placés, en ce jour de deuil, devant la préfecture. L'identité corse était rarement absente de ces formules simples : *« Avec toute ma peine de Corse »*, ou : *« Avec tous mes regrets, car nous ne sommes pas dans un pays de sauvages »*. La honte constitue aussi un des leitmotive : *« La honte de la Corse. Regrets. »* D'autres appellent à la révolte : *« Hommes d'honneur, debout pour dire : Assez ! Jamais plus ça ! »* Le sentiment d'affliction et d'indignation mêlées est bien résumé par Christiane Leccia, maire de Sampolo, au sud d'Ajaccio : *« Aujourd'hui, j'ai mal à l'âme, à l'âme corse qui est la mienne, et j'ai honte. On a perdu sur ma terre le respect de la vie. »*

Du samedi 7 février 1998, où l'île entière s'est réveillée comme assommée, jusqu'au point d'orgue des manifestations silencieuses d'Ajaccio et de Bastia, le mercredi suivant, les témoignages n'ont cessé de s'accumuler. Rapidement, des fleurs ont couvert les grilles de la préfecture : modeste bouquet de pensées ou couronnes ostentatoires, à l'instar de celle du nationaliste du MPA Gilbert Casanova, président de la chambre de commerce et d'industrie de Corse-du-Sud. Par tradition autant que par vraie tristesse, la Corse sait honorer ses morts.

Dans le chaos qui a suivi l'assassinat de son préfet, l'île, déboussolée, attendait de la visite de Jacques Chirac un signe auquel se référer, se raccrocher. Le Président n'y avait pas effectué de voyage officiel depuis son élection à l'Élysée. Les insulaires gardaient en mémoire les errements de la politique menée depuis juin 1995 par Jean-Louis Debré, ministre de l'Intérieur, avant celle, incomprise, d'Alain Juppé, qui avait su taper du poing sur la table et mettre un terme à la ligne « négociation/répression », perçue en fait comme une forme de « négociation/collusion ».

L'hommage de la République, rendu quatre jours après la mort de Claude Érignac, fut digne. Plus de deux heures avant la cérémonie, les Ajacciens commencèrent à se masser entre la mer et le monument aux morts. Environ 8 000 personnes guettèrent les paroles du chef de l'État qui dénonça *« la folie meurtrière, la politique du pire, la dérive mafieuse* [qui] *ont armé le bras de quelques-uns ».* Et quand, à deux reprises, Jacques Chirac stigmatisa la violence – *« nous ne la tolérerons pas »* –, les applaudissements crépitèrent. La Corse aime les chefs ; ce discours ferme ne pouvait que séduire.

Au-delà des mots, les Corses attendent néanmoins surtout des actes. Ils sont lassés de voir trop de crimes non élucidés, alors que les noms de leurs auteurs sont présents à beaucoup d'esprits. Ils rejettent la classe politique traditionnelle aux condamnations faciles, mais accusée de compromission.

Dans un même élan, plus de 30 000 personnes, anonymes, syndicalistes, acteurs culturels, décideurs économiques, élus, se retrouvèrent, le 11 février 1998, à Ajaccio et Bastia à l'appel des femmes du Manifeste pour la vie, derrière une unique banderole résumant tous les maux de la société corse : *« Non à la loi des armes ! »* De gauche comme de droite, nationalistes de cœur ou français jusqu'à la fibre, les insulaires réussirent à dépasser leurs mauvaises querelles pour se retrouver là sur l'essentiel.

Honteuse d'être montrée du doigt comme l'enfant trop gâtée de la République, la Corse réclame justice et sécurité. En se mobilisant très largement, elle a voulu crier à la face de l'Europe qu'elle ne supporte plus de voir chez elle couler le sang. L'homme de la rue voulait croire que les discours seraient suivis d'effet. Ainsi ce syndicaliste :

« Entre la volonté et les actes, il y a un fossé. Le discours doit retentir comme un point de départ et non comme une fin en soi. Seule l'arrestation des criminels, exécutants et commanditaires, prouvera la présence effective de l'État en Corse. »

Un début d'enquête chaotique

L'affaire semble alors plutôt mal engagée. Bernard Gravet, directeur central de la police judiciaire, qui supervise l'enquête à Ajaccio, convainc le patron du SRPJ de Corse, Dimitrius Dragacci, de maintenir en garde à vue prolongée trois jeunes Maghrébins. Leurs tenues vestimentaires correspondent aux déclarations d'un témoin oculaire de l'assassinat. L'interpellation des trois suspects ne manque pas de faire naître un sourire sur les lèvres des insulaires : cette piste est grotesque. Dès la première nuit, les RG penchent, quant à eux, pour *« un groupe de dissidents du mouvement nationaliste. On se trouve face à un noyau radical, dans le style Action directe »*.

En présence de Jean-Pierre Chevènement, venu à Ajaccio en avion spécial depuis Belfort dès le lendemain de l'assassinat, la réunion des policiers et des gendarmes est cocasse. Bernard Gravet reste silencieux. Dimitrius

Dragacci se livre à un exposé dont la clarté n'apparaît pas le trait dominant aux yeux du ministre de l'Intérieur. Roger Marion, patron de la division nationale antiterroriste de la PJ (DNAT), qui connaît peu les affaires corses, s'appuie sur les RG pour annoncer une enquête longue. Il est le seul à convaincre Jean-Pierre Chevènement. Pourtant, les actions du contrôleur général Marion ne sont pas à la hausse à ce moment-là : il est suspecté par la gauche d'avoir trop « collé » au pouvoir RPR au cours des années précédentes.

Cet homme pressé, à la gouaille méridionale, a été nommé à la tête de la division antiterroriste par Pierre Joxe. Le service est alors spécialisé dans la rédaction de notes de synthèse sur les phénomènes terroristes. S'appuyant sur les juges d'instruction comme nul ne l'a encore jamais fait jusqu'alors, il devient un personnage incontournable. Bourreau de travail au caractère vif et à l'intelligence aiguë, Roger Marion est un homme à poigne, souvent contesté, toujours craint. Le compliment l'agace ; le coup de gueule le stimule. Il a affiché un succès quasi insolent dans la lutte contre l'ETA, dans l'interpellation des réseaux islamistes, et maintenant en Corse. Par sa connaissance des dossiers et un flair certain, il a su convaincre et parfois séduire les ministres de l'Intérieur successifs qu'il a connus : Pierre Joxe, Charles Pasqua, Jean-Louis Debré, Jean-Pierre Chevènement.

Mais, en ce mois de février 1998, la menace terroriste, sensiblement atténuée, devrait permettre au cabinet du ministre d'envisager sans trop de dommages un départ de Roger Marion. Ses proches évoquent déjà à l'époque un départ dans le privé, vers des cieux plus dorés.

Maltraitée, la DNAT est cette fois chargée de l'enquête, conjointement avec le SRPJ d'Ajaccio. Jusqu'à présent, les agissements du mystérieux groupe des « anonymes » ont été répartis entre différents services d'enquête. L'attentat contre l'ENA de Strasbourg, perpétré dans la nuit du 4 au 5 septembre 1997, a échu aux SRPJ de Strasbourg et d'Ajaccio. La gendarmerie de Corse et le SRPJ d'Ajaccio ont en charge l'attaque déclenchée contre la gendarmerie de Pietrosella, dans la nuit du 5 au 6 septembre 1997. Enfin, le SRPJ de Clermont-Ferrand et celui d'Ajaccio enquêtent sur l'attentat commis contre le palais des congrès et l'hôtel *Majestic* de Vichy dans la nuit du 10 au 11 novembre 1997.

Plus que les textes de revendication du « groupe des anonymes », parvenus les 6 septembre et 12 novembre 1997, la police s'intéresse à celui d'un groupe baptisé « Sampieru » et déposé à la poste centrale de Paris, rue du Louvre, le 10 octobre 1997. Ce texte, qui revendique l'attentat contre la gendarmerie de Pietrosella, est envoyé à un journaliste de *Libération*. Ce dernier estime qu'il ne s'agit que d'une revendication de plus et n'en fait pas état dans son journal. Mais, à travers les mots, il apparaît aux policiers que Marcel Lorenzoni pourrait être derrière cet attentat. Militant nationaliste de la première heure, celui-ci s'apprête à entrer en dissidence de la Cuncolta. Deux jours après l'envoi de la revendication « Sampieru », il fait part, le 12 octobre 1997, de la création de son propre collectif.

Le 9 novembre suivant, vingt-sept membres de Corsica Nazione – dont Marcel Lorenzoni – annoncent leur départ de l'organisation nationaliste. Selon les policiers, Lorenzoni, conformément à la méthode corse qui prévoit qu'un mouvement nationaliste public doit toujours disposer d'un bras armé, revendique les attentats contre l'ENA de Strasbourg et contre la gendarmerie de Pietrosella dont il avait été informé par un des membres du commando, José Versini. Comme lui, ce dernier est devenu éleveur de porcs. Mais Versini exerce quant à lui une activité réelle : sa charcuterie est extrêmement réputée. Alors que Marcel Lorenzoni, lui, a souvent été épinglé au terme de différentes enquêtes sur l'utilisation des fonds publics en Corse : il a bénéficié d'une bonne part des 20 millions de francs alloués à la filière porcine afin de redorer le blason de la charcuterie artisanale corse...

Le 21 janvier 1998, soit seize jours avant la date de l'assassinat du préfet Érignac, le groupe Sampieru annonce son autodissolution : *« Nous condamnons fermement par avance toutes actions qui pourraient être menées contre certains fonctionnaires, représentants éminents de l'État colonial. »* Ce communiqué, envoyé depuis la poste centrale de la rue du Louvre, à Paris, n'a pas été non plus publié par *Libération* qui en était le destinataire. Il le sera le lendemain de l'assassinat de Claude Érignac. Selon les enquêteurs, Marcel Lorenzoni aurait été pris à son propre piège : quand il a compris que, derrière les attentats conventionnels perpétrés contre des bâtiments publics, risquait de se profiler une action encore plus dure, il a préféré annoncer l'autodissolution d'un groupe qui n'a, en fait, jamais existé que sur le papier.

Ceux qui font figure d'auteurs présumés des attentats de Strasbourg, Pietrosella, Vichy, et du meurtre de Claude Érignac ont été interpellés le 21 mai 1999 ; aucun n'aura mis en cause Marcel Lorenzoni. Si, dans cette première phase de l'enquête, les policiers penchent néanmoins allègrement pour l'implication de celui-ci, ils estiment également qu'un « penseur » se trouve à l'origine de la rédaction des textes de revendication. Selon les policiers, il s'agit nécessairement d'un « vieux de la vieille »...

Roger Marion est convaincu que l'auteur des revendications est un agriculteur surendetté : Mathieu Filidori, considéré en outre comme un des fondateurs du FLNC. En 1979, lors du premier grand procès où comparut un commando du FLNC, il fut condamné à treize ans de prison par la Cour de sûreté de l'État, bientôt supprimée en 1981 par François Mitterrand. Lors de ce procès baptisé « procès des 21 », Mathieu Filidori fait figure, aux yeux de l'accusation, de responsable numéro un de l'organisation clandestine. C'est lui qui lit la déclaration politique du FLNC au cours des débats.

Fin juin 1998, Filidori, le « penseur », est interpellé et écroué pour *« association de malfaiteurs en relation avec une entreprise terroriste »*. Les policiers sont convaincus qu'il pourrait être un des auteurs, ou à tout le moins l'inspirateur du texte de revendication de l'assassinat du préfet Érignac par le « groupe des anonymes ». Mais, pour l'heure, les hommes de Roger Marion ne peuvent que lui reprocher de connaître Marcel Lorenzoni. Les charges contre lui paraissent bien minces.

Roger Marion persiste cependant dans cette voie. Il met ses hommes à l'œuvre sur la masse de documents saisis chez Mathieu Filidori. Celui-ci est un papivore : il annote tout, conserve tout ce qui a trait à la Corse. Parmi la multitude de coupures de presse qu'ils ont découvertes, les policiers sont intrigués par un extrait : il reproduit le texte de revendication du « groupe des anonymes » après l'attentat de Vichy. Le commentaire ajouté de la main de Mathieu Filidori attire l'œil des limiers ; il réagit à la violente diatribe anticorse de Claude Malhuret, maire de Vichy, au lendemain de l'attentat perpétré contre le palais des congrès. Trois lignes d'inspiration identique ont en effet été ajoutées au premier texte de revendication de l'attentat de Vichy par le « groupe des anonymes ». Longtemps Roger Marion a pensé que seul Filidori pouvait donc les avoir écrites. Mais les juges n'ont pas entendu ce dernier sur cet aspect du dossier et, le 10 novembre 1998, il est remis en liberté par la chambre d'accusation de la cour d'appel de Paris.

En fait, avec l'interpellation des auteurs présumés de l'assassinat du préfet Claude Érignac en mai 1999, les policiers de la DNAT vont découvrir ce que Vincent Andriuzzi aurait confié à l'un de ses proches : qu'il est l'auteur du premier comme du second texte. Le 12 novembre 1997 au matin, comme tous les jours, il s'est connecté sur Internet pour parcourir la presse parisienne. C'est là qu'il a découvert la condamnation de la violence corse par Claude Malhuret. Et c'est alors qu'il a posté une seconde lettre de revendication, le même jour à 14 heures, depuis la poste de Bastia, au service politique de *Libération* avec ces trois lignes supplémentaires.

Vincent Andriuzzi s'était d'ailleurs amusé, en comité restreint, du travail accompli par le contrôleur général Roger Marion sur le cas Filidori. Le rapport signé du policier et daté du 3 décembre 1998 avait « fuité » dans *Le Canard enchaîné*. Intrigué par le travail sémantique effectué par Roger Marion, Andriuzzi avait jugé cette œuvre de longue haleine *« un peu scolaire »*. Ce qui, venant d'un professeur de mathématiques, ne manquait pas de saveur !

Mathieu Filidori n'en est pas quitte pour autant avec la DNAT. Ses relations incessantes avec l'Italie intriguent. Roger Marion se rend d'ailleurs à Rome afin de rencontrer ses homologues transalpins et de creuser ce qui pourrait être une piste mafieuse, doublée d'une piste « agricole ». Depuis qu'il a repris les neuf cents hectares du domaine de Pinia, sur la côte orientale de l'île, Mathieu Filidori et son associé Gérard Serpentini n'ont pas brillé par les résultats de leur exploitation. Au contraire, ils sont criblés d'impayés, misent sur un nouvel effacement de la dette agricole et militent ardemment au sein du syndicalisme paysan. Ils abandonnent progressivement la culture du blé et de l'orge ainsi que l'élevage d'ovins pour se tourner vers une forme de tourisme particulier : ils transforment peu à peu leur exploitation en chasse privée. De nombreux Italiens vont y affluer sans pour autant être considérés comme des mafieux...

Qu'à cela ne tienne : Roger Marion reste convaincu de l'implication de Mathieu Filidori dans la rédaction des textes de revendication du « groupe des anonymes ». Cinq jours avant de lancer un coup de filet qui permettra de découvrir le commando accusé d'avoir abattu le préfet Érignac, il interpelle une nouvelle fois Mathieu Filidori. Celui-ci est mis en examen le 20 mai pour *« complicité d'assassinat »*. La chambre d'accusation de la cour d'appel de Paris porte un second coup aux certitudes du contrôleur général Roger Marion en remettant en liberté Mathieu Filidori le 8 juin suivant, soit dix-neuf jours plus tard. Un record...

Chapitre 8

La guerre des polices

« L'enquête sur l'assassinat du préfet Claude Érignac devait relever de l'union sacrée. Elle a tourné au panier de crabes. » Ce haut fonctionnaire, habitué des dossiers de l'antiterrorisme, n'a pas de mots assez durs pour qualifier ces seize mois d'enquête marqués par une incroyable « guerre des polices ». Guerre entre le SRPJ d'Ajaccio et la DNAT jusqu'au départ de l'ancien patron de la PJ corse, Dimitrius Dragacci. Guerre entre gendarmes et policiers, soupçonnés d'être au mieux incompétents, au pire entre les mains des prétendus « réseaux Pasqua ». Rivalités entre magistrats antiterroristes. Rivalités entre les cabinets du Premier ministre et du ministre de l'Intérieur. Rivalités entre les juges et le préfet Bonnet... Rien n'a manqué !

La scène se passe au milieu de la nuit du 6 au 7 février 1998. Le préfet Érignac est mort sous les balles des tueurs depuis moins de cinq heures. Les Renseignements généraux d'Ajaccio viennent de recueillir le bon « tuyau » d'un gendarme présent sur les lieux de l'assassinat. L'arme retrouvée à quelques mètres du corps du préfet ressemble étrangement à celles qu'ils reçoivent en dotation. Or, depuis le 6 septembre précédent, deux MAS sous licence Beretta ont été dérobés aux gendarmes de Pietrosella.

Lors de la réunion organisée dans le bureau du ministre de l'Intérieur, Jean-Pierre Chevènement, les RG livrent l'information « brute de décoffrage », sans vérifications. Bernard Gravet, directeur central de la police judiciaire, ne sait que répondre. L'enquête vient à peine de débuter. Il convient de faire vérifier cette information. Bernard Gravet est à peine sorti de la salle de réunion que Roger Marion, patron de la DNAT, qui connaît parfaitement les Renseignements généraux pour avoir réussi à élucider avec eux les attentats islamistes qui ont ensanglanté la France en 1995, réagit sur-le-champ et reprend à son compte l'information.

Dès cette première nuit, les graines des futurs conflits sont semées. L'affaire est trop importante pour ne pas attiser çà et là les convoitises, parfois au risque de faire capoter l'enquête. Cette histoire trouble d'une concurrence échevelée entre les polices recèle sans doute encore de nombreux secrets. Mais, depuis l'incarcération du préfet Bonnet, les langues se sont déliées ; les révélations de « coups tordus » n'ont pas manqué.

Très rapidement, on l'a vu, Jean-Louis Bruguière est chargé de l'enquête avec les deux juges antiterroristes Laurence Le Vert et Gilbert Thiel. Depuis plusieurs mois, ce dernier ronge son frein : il est cantonné aux dossiers considérés comme mineurs. À son arrivée à la galerie Saint-Éloi, sous les toits du palais de justice de Paris, les magistrats du « microcosme » prédisaient qu'il y aurait des étincelles. Gilbert Thiel passe en effet pour un homme qui ne manque pas de caractère ; et il n'était pas le candidat qu'aurait retenu Jean-Louis Bruguière pour occuper le quatrième poste de juge spécialisé qui venait d'être créé.

Mais les conflits annoncés entre ces deux fortes personnalités restent feutrés. Il ne règne assurément pas une franche camaraderie entre Jean-Louis Bruguière, Laurence Le Vert et Jean-François Ricard, d'un côté, et Gilbert Thiel de l'autre. Mais tous semblent se retrouver sur la gestion technique des affaires.

Gilbert Thiel est associé à Jean-Louis Bruguière pour gérer le volumineux dossier islamiste du réseau Chalabi. Les méthodes de Bruguière sont vivement attaquées par les avocats des cent trente-huit prévenus lors du procès qui se tient à l'automne 1998 dans le gymnase, transformé en salle d'audience, des surveillants de la prison de Fleury-Mérogis. Solidaire, Gilbert Thiel se fend d'une interview à *Libération* pour défendre cette instruction menée de concert avec son premier vice-président.

Jean-Louis Bruguière fait volontiers sienne la maxime selon laquelle la fin justifie les moyens. À plus forte raison quand il y va de la raison d'État. « L'Amiral » est un adepte de géopolitique. Il va ainsi utiliser toutes ses connaissances au sein du milieu du renseignement pour qu'aucune piste ne soit négligée. Bruguière, qui fait à présent de l'élucidation de l'assassinat de Claude Érignac sa priorité, n'ignore pas qu'il va avoir besoin de tout son « staff » pour mener à bien cette enquête qui s'annonce longue.

En effet, les services de renseignement n'ont rien vu venir. Ils ont eu beau épier les soubresauts des différents FLNC, rien, à leurs yeux, ne laissait présager que le préfet de Corse allait être assassiné. Jean-Louis Bruguière a d'autant plus besoin de Gilbert Thiel que ce dernier a été chargé de l'enquête sur l'attentat contre la gendarmerie de Pietrosella, où l'arme du tueur a été dérobée. La piste est toute désignée.

Pour autant, les deux dossiers ne sont pas réunis. Gilbert Thiel, les gendarmes de Corse et le SRPJ d'Ajaccio ont en charge l'attentat contre la gendarmerie. Jean-Louis Bruguière, Laurence Le Vert, Gilbert Thiel, le DNAT et le SRPJ d'Ajaccio enquêtent sur l'assassinat du préfet. Cette disjonction des dossiers, et surtout le manque de regroupement des enquêteurs portent en leur sein tous les ingrédients d'une future guerre des polices et d'une double enquête, voire... d'une enquête parallèle !

Le 18 mars 1998, Jean-Louis Bruguière se rend en Corse, accompagné de ses deux collègues et des policiers de la DNAT. Officiellement, les magistrats entendent juger sur place des conditions dans lesquelles Claude Érignac a été assassiné. Alors que Laurence Le Vert et Gilbert Thiel logent à l'hôtel, Jean-Louis Bruguière dort à la préfecture de région. Le 19 mars à 8 heures, une réunion impromptue se tient autour d'un petit déjeuner en présence de Bernard Bonnet, de différents membres de son cabinet et de Roger Marion. Selon les confidences faites par le préfet à un proche, Jean-Louis Bruguière se serait montré très méfiant sur les capacités des Renseignements généraux et du SRPJ d'Ajaccio, en particulier de son chef, Dimitrius Dragacci. Roger Marion aurait sauté sur l'occasion, dénonçant pêle-mêle les constats des premières heures, *« mal faits »*, l'album photo de la scène de l'assassinat, *« inexploitable »*. Ce qui se révélera pour partie exact : ainsi, les voitures stationnées dans les rues adjacentes n'ont pas été localisées comme on doit à l'évidence le faire dans ce genre d'enquête.

Si l'heure est aux règlements de comptes envers le patron du SRPJ d'Ajaccio, elle est en revanche à l'entente cordiale entre le juge et le préfet. Ainsi Bernard Bonnet obtient pleine satisfaction de Jean-Louis Bruguière : il est convenu entre les deux hommes qu'en raison de la nature de cette affaire d'État, le préfet de Corse pourra avoir accès à la procédure judiciaire. Une rareté : d'ordinaire, les magistrats préservent jalousement leurs prérogatives et refusent que l'autorité administrative connaisse dans le détail le contenu d'une enquête judiciaire.

Pendant ce mois de mars et le début avril, les relations ne cessent de se tendre entre la PJ d'Ajaccio et la DNAT. Depuis de nombreuses années, Dragacci et Marion ne s'apprécient pas. Mais, contrairement à la rumeur, Bernard Bonnet n'est pas, dans un premier temps, favorable au remplacement de Dragacci. Après être convenus qu'il faut changer le patron du SRPJ, Roger Marion et le lieutenant-colonel Cavallier se partagent les rôles : celui-ci, qui est encore chargé de mission auprès du préfet, tentera de convaincre Bernard Bonnet ; celui-là traitera, lui, avec le cabinet du ministre de l'Intérieur. Cette action croisée va produire son effet : le 15 avril 1998, Dimitrius Dragacci quitte le SRPJ d'Ajaccio pour l'Inspection générale de la police. Au titre des services rendus, il conservera sa voiture de fonction et son téléphone portable. Ces mesures de faveur ne manqueront pas d'« indisposer » le préfet Bonnet.

La hantise des « réseaux Pasqua »

Après les magistrats et policiers, c'est au tour des conseillers techniques de tenir réunion à la préfecture d'Ajaccio. Le 19 avril 1998, Philippe Barret et Clotilde Valter affichent amèrement leur absence de confiance dans les policiers :

« *Ils sont aux mains des réseaux Pasqua* », confient-ils en substance.

Philippe Barret compte parmi les plus proches fidèles de Jean-Pierre Chevènement. Place Beauvau, comme hier au ministère de l'Industrie ou encore à l'Éducation nationale, il remplit le rôle de conseiller politique. Ex-maoïste, il est aujourd'hui considéré par ses détracteurs comme un ami de la « gauche caviar ». Rapidement, les liens se sont resserrés entre Philippe Barret et Bernard Bonnet. Pendant la convalescence de Jean-Pierre Chevènement, du 2 septembre 1998 au 4 janvier 1999, le premier devient l'interlocuteur privilégié du second.

Clotilde Valter a sensiblement le même parcours en politique que Philippe Barret. Dans le sillage d'un autre homme : Lionel Jospin. Elle est là pour le compte du Premier ministre. Tout comme elle était à ses côtés au ministère de l'Éducation nationale. Elle ne craint personne et entend bien suivre l'action de la police avec un regard sans complaisance. Clotilde Valter est non seulement proche de Lionel Jospin, mais elle fait partie de son « premier cercle ». Elle ne cache rien à Olivier Schrameck, directeur de cabinet du Premier ministre, et tutoie Claude Allègre.

Au cours de leur réunion du 19 avril 1998, Bernard Bonnet conforte les deux conseillers ministériels dans leurs analyses. Selon lui, il faut jouer sur la dualité des forces de l'ordre telle qu'elle existe dans notre pays et s'appuyer sur la gendarmerie pour rétablir l'état de droit. Le 5 mai suivant, Bernard Bonnet obtient satisfaction : le ministère des Finances accorde davantage de moyens à la gendarmerie en Corse. L'idée de renforcer la section des recherches (SR), en charge des enquêtes judiciaires, et de transformer l'escadron de gendarmerie mobile en groupement de pelotons de sécurité (GPS) prend forme.

Durant les premiers mois qu'il passe en Corse, Bernard Bonnet fait feu de tout bois. Il pense qu'il faut agir très vite et redonner à l'État la plénitude de ses moyens. Il regrette ainsi régulièrement le manque de vitalité de la Justice. Il souhaite, on l'a vu, le départ du procureur général Jean-Pierre Couturier. La Chancellerie lui donnera satisfaction en nommant un « PG à poigne », Bernard Legras, installé en juin. Mais les relations entre les deux hommes ne cesseront de se dégrader. Le préfet se plaindra même, le 10 mai 1998, de l'inertie de l'institution judiciaire devant Jean Glavany, rapporteur de la commission d'enquête parlementaire sur l'utilisation des fonds publics en Corse.

Deux mois plus tard jour pour jour, la rupture est consommée avec la Justice. Bernard Bonnet annonce en réunion de cabinet : *« Tant pis, nous allons nous appuyer sur les médias pour débloquer les choses. »* Commence alors une longue série d'« annonces ». Devant l'Assemblée territoriale corse, le préfet, dans un discours en forme de réquisitoire, prend ainsi l'exemple d'une évasion fiscale de 20 millions de dollars commise dans la région de Bastia ; or il s'agissait d'un placement de 10 millions de dollars en vue de garantir un crédit... Pour le moment, l'enquête du fisc n'y a rien décelé d'illégal. Pas plus que la justice genevoise, chargée d'enquêter sur la disparition de ces 10 millions de dollars !

Jean Glavany est également sensibilisé au rôle prêté aux fameux « réseaux Pasqua », censés animer toujours la police. Pourtant, les relations entre Roger Marion et Bernard Bonnet sont encore bonnes. À preuve : le 11 mai 1998, le préfet, qui vient de recevoir les confidences d'un responsable agricole, les communique sur-le-champ au patron de la DNAT. Selon cet informateur, l'assassinat du préfet Érignac serait dû à un *« groupe de nationalistes radicaux, dissidents de la Cuncolta. Il y a parmi eux un intellectuel »*. Le même informateur livre phonétiquement le nom de Castela.

Roger Marion, qui feint de n'être jamais surpris, acquiesce. Selon lui, les assassins sont au nombre de sept ou huit. Mathieu Filidori et son associé Gérard Serpentini sont les principaux suspects. Il s'agit de la fameuse piste « agricole ». D'ailleurs, selon le patron de la DNAT, l'effacement de la dette agricole serait le mobile de l'assassinat. Ces agriculteurs jouent la carte de la terreur et de l'intimidation. Roger Marion propose de surcroît un mode d'action au préfet : utiliser le dossier du Crédit agricole pour approcher les fauteurs de violences.

À peine a-t-il conclu sa communication téléphonique avec Bernard Bonnet, Roger Marion informe la direction centrale des Renseignements généraux de bien vouloir s'intéresser à un certain Castela. L'homme n'est pas un inconnu pour ce service, troublé par ses fréquents voyages sur le continent. Jean Castela sera interpellé par la DNAT le 19 novembre suivant[1]. Il est soupçonné d'être l'intellectuel du « groupe des anonymes ».

Les voyages de Bernard Bonnet à Paris ne sont pas très nombreux. Mais, à chaque fois, il s'efforce de s'assurer du soutien du gouvernement à l'action qu'il mène en Corse. Ainsi, le 16 mai 1998 est jour de fête au stade de France : ce soir-là, le Stade français affronte Perpignan en finale du championnat de France de rugby. Pendant la mi-temps,

1. Voir chapitre 9.

Bernard Bonnet croise le Premier ministre. Selon des confidences faites par le préfet à ses proches, Lionel Jospin lui aurait confirmé les propos que lui avait tenus Olivier Schrameck : le directeur de cabinet du Premier ministre l'avait assuré que c'était bien Matignon qui gérait le dossier corse, du fait de l'approche interministérielle de la question au sein du gouvernement.

Bernard Bonnet est pleinement satisfait. Mais ce contentement est de courte durée. Les prétendus « réseaux Pasqua » qui, selon lui, minent la police, continuent de l'obséder. Le 2 juin, il n'y tient plus. Il appelle Philippe Barret. Selon lui, trois policiers sont partiellement dangereux pour l'action qu'il mène dans l'île. Surprise : parmi les trois noms cités, deux n'occupent plus qu'une fonction symbolique au sein du ministère de l'Intérieur, et le troisième travaille à la préfecture de police de Paris !

Le premier, Dimitrius Dragacci, on l'a vu, a été remplacé à la tête du SRPJ d'Ajaccio ; mais Bernard Bonnet le soupçonne de continuer à tirer les ficelles en sous-main.

Le deuxième, Daniel Léandri, est un ancien conseiller de Charles Pasqua pour les affaires de police. Certains l'avaient jadis surnommé « l'Enrhumé » parce qu'à Paris, quoique protégé en permanence par un feutre marron, il éternuait tout le temps ! Fils d'un ami du père de Charles Pasqua – tous deux appartenaient au même commissariat –, il fit ses débuts comme garde du corps de Jacques Chirac ; en novembre 1978, après l'accident survenu au président du RPR sur une route de Corrèze, c'est lui qui garda la porte de sa chambre à l'hôpital Cochin. Mais c'est Charles Pasqua que Daniel Léandri a toujours suivi, jusque dans les couloirs du Sénat. Durant la première cohabitation, il est déjà son conseiller au ministère de l'Intérieur, mais il devient aussi l'un de ses émissaires en Afrique. Entre 1993 et 1995, il retrouve les mêmes fonctions place Beauvau, puis gagne la confiance de Jean-Louis Debré. L'attentat commis contre la mairie de Bordeaux par le FLNC-Historique sonne néanmoins le glas de l'influence de cet ancien brigadier. Il ne la retrouvera jamais.

Le troisième policier est certes corse, mais son nom n'est jamais apparu dans les affaires insulaires. Il occupe des fonctions importantes à la police judiciaire de la préfecture de police de Paris.

Les mythes ont la peau dure... Philippe Barret répond à Bernard Bonnet que les trois policiers en question sont « indéboulonnables ». Dépité, le préfet indique en réunion de cabinet que, dorénavant, c'est décidé, il s'appuiera essentiellement sur la gendarmerie. D'autant plus que ce début du mois de juin correspond à la création du GPS qui pourra effectuer des missions de collecte de renseignements aux niveaux tant judiciaire qu'administratif. Bref, de nouveaux « Renseignements généraux » corses viennent de voir le jour ! Du moins le préfet le croit-il.

Un mois après sa précédente visite à Paris, Bernard Bonnet a un nouvel entretien d'une heure, le 12 juin 1998, avec Olivier Schrameck, à Matignon. Le lendemain, il se rend à l'Élysée où il est reçu par Dominique de Villepin, secrétaire général. Le préfet Bonnet est bien conscient qu'en période de cohabitation, rien n'est vraiment possible sans l'accord des deux têtes de l'exécutif. Le soir même, il ne résiste pas au plaisir de dévoiler les dessous de cette dernière rencontre à ses proches : *« Villepin m'a assuré que l'Élysée ne freinera pas l'action que nous menons en Corse. Jacques Chirac a passé la tête dans le bureau de son plus proche collaborateur. Il m'a invité à la plus grande fermeté* », résume-t-il.

Jusqu'à la fin juin, Bernard Bonnet continue de se méfier et de faire part à ses autorités de tutelle de ses craintes à propos de la loyauté de la police. Mais rien d'irréparable n'a encore été commis. C'est le 29 du mois que va se nouer ce qu'on baptisera plus tard une « guerre des polices ».

Ce jour-là, Bernard Bonnet rencontre pour la première fois un nouvel informateur de choix. Au cours de cette entrevue, l'homme ne se montre pas très disert. Mais il veut bien confirmer ou infirmer les thèses qu'évoquera devant lui le préfet. À ce jeu du « faux » ou du « vrai », ce dernier obtient un démenti qui le déçoit et le rassure en même temps : *« Non, les "réseaux" africains de Charles Pasqua ne sont pas impliqués dans l'assassinat du préfet Claude Érignac. »* L'hypothèse, quelque peu farfelue, avait couru çà et là. Bernard Bonnet est néanmoins satisfait : il a trouvé quelqu'un qui va pouvoir l'éclairer sur les milieux nationalistes corses. En marge de cet entretien, il note : *« Informateur à traiter ».*

Le 2 juillet, le préfet est à Paris et y rencontre Roger Marion. Mais, s'étonne-t-il amèrement, le climat entre eux a changé : *« Depuis deux semaines, Marion n'est plus le même. »* Il ne parle donc pas de son informateur au patron de la DNAT.

Ce mois de juillet coïncide avec les premières difficultés que rencontre Bernard Bonnet dans le rétablissement de l'état de droit. La population n'adhère plus autant à sa méthode. Les notes des Renseignements généraux qui parviennent, place Beauvau, sur le bureau du directeur adjoint de cabinet, Patrice Bergougnoux, laissent présager à mi-mots un début de contestation.

De retour dans l'île, Bernard Bonnet a eu le temps de ressasser sa désillusion. À la froideur affichée par Roger Marion, le préfet oppose sa colère. Devant son cabinet, il dénonce la méthode du « tout-interpellation » pratiquée par le contrôleur général. *« Ses coups de filet sont inutiles !* s'emporte-t-il. *Je crains qu'avec la répétition des rafles devant les caméras de télévision, on ne fabrique à terme des martyrs. L'opinion publique pourrait se retourner contre nous. »*

L'informateur du préfet Bonnet

Bernard Bonnet rappelle alors son informateur et lui fixe rendez-vous pour le 7 juillet. Cette rencontre à la préfecture d'Ajaccio aurait pu marquer un tournant essentiel dans l'avancée de l'enquête sur l'assassinat du préfet Érignac. Mais il n'en sera rien : ce n'est qu'en novembre que les renseignements livrés au préfet parviendront à la Justice. Entre-temps, Bernard Bonnet aura chargé le colonel Henri Mazères de vérifier les déclarations de son informateur.

Que dit cet homme que Bernard Bonnet présente comme un père de trois enfants, retiré du mouvement nationaliste en 1987 ?

« Je ne souhaite pas vivre dans une Corse livrée à l'anarchie. Je crains qu'il y ait une spirale sans fin de la violence. Un noyau dur de nationalistes a réagi à plusieurs facteurs. Ce noyau s'oppose au FLNC-Canal habituel, qui a négocié avec le pouvoir politique parisien pour prendre sa part dans les affaires. Le FLNC-Historique est tombé dans le même travers en se livrant à une mascarade lors de la conférence de presse de Tralonca. Face à ces compromissions, ce

groupe de nationalistes a décidé depuis le début 1996 d'abattre un personnage important. L'objectif de ce groupe, en tuant une personnalité comme un préfet, était de déstabiliser François Santoni, Charles Pieri et Alain Orsoni, qui se sont compromis en sacrifiant la lutte du peuple corse à leurs affaires.

« Ce groupe est composé de cinq à sept concepteurs et en même temps acteurs. Le mouvement ne compte pas plus de cinquante sympathisants. Claude Érignac était une cible parfaite, car très symbolique. Une deuxième opération était prévue. Le groupe avait envisagé d'assassiner le président de l'Assemblée territoriale [José Rossi]. *Mais ils ont renoncé. La réaction de l'État contre les élus traditionnels les a déstabilisés. »*

Quand Bernard Bonnet rend compte à ses proches de ce contact avec son informateur, il ne livre pas les noms des membres du commando. Les connaît-il alors ? Tout donne à penser que non.

Fin juillet, il a un nouveau contact avec son informateur qui lui précise que le *« commando est composé de dissidents de la Cuncolta, vivant au nord de l'île. Ils sont renforcés par un groupe du grand Sud ».*

De toute évidence, les informations dont dispose le préfet restent parcellaires. Par ailleurs, ses relations dégradées avec la DNAT et sa méfiance envers les Renseignements généraux ne l'incitent pas à la confidence.

Au cours d'un entretien téléphonique avec Roger Marion, il cherche en revanche à savoir où en est l'enquête du côté de la DNAT. Selon les confidences du préfet aux membres de son cabinet, Roger Marion est encore mobilisé par la piste de Mathieu Filidori. Mais il a une autre carte dans sa manche, croit savoir Bernard Bonnet. Marion disposerait du nom d'un Corse qui pourrait être impliqué dans l'assassinat. En fait, le préfet semble feindre d'avoir lui-même livré, le 11 mai, sur la foi de renseignements émanant d'un autre informateur, le nom de Jean Castela au patron de la DNAT.

Depuis lors, les Renseignements généraux « collent » à ce professeur d'histoire. Et la piste leur paraît bonne. Elle les mènera jusqu'à Ajaccio, le 19 août. Ce jour-là, Jean Castela, conduit par Vincent Andriuzzi, se rend dans une cité populaire. Les RG notent les noms des locataires de la cage d'escalier dans laquelle ils l'ont vu pénétrer. Mais une malheureuse erreur de transcription les retardera encore un moment. Une certaine Marie-France Ferrandi demeure là ; le policier chargé du relevé note « Ferrendi » avec un « e » ! L'erreur sera corrigée par la suite. Cette fois, la piste est bonne : Alain Ferrandi est très connu dans les milieux nationalistes. Mais il ne sera interpellé que bien plus tard, le 21 mai 1999...

Bernard Bonnet a besoin de faire vérifier les « tuyaux » livrés par son informateur. Il en parle donc à son confident privilégié, le colonel Henri Mazères. Les gendarmes mènent leur enquête par un autre bout. Leur commandant tente de justifier leurs investigations sur l'assassinat de Claude Érignac, dont ils ne sont pas saisis, en les inscrivant dans le cadre de celle portant sur l'attentat de Pietrosella. Mais la section des recherches en charge des enquêtes judiciaires n'apprécie que peu ces directives venues d'en haut, et traîne les pieds.

Les membres de cette section disposent en fait d'une piste qu'ils creusent depuis plusieurs mois. Lors de l'attentat perpétré contre la gendarmerie de Pietrosella, les deux hommes de garde ont été emmenés à bord d'une fourgonnette Citroën C25. Toutes les fourgonnettes de ce type ont été identifiées en Corse. L'une d'elles est particulièrement intéressante : elle appartient à une société de location de matériel médical d'Ajaccio. Parmi les employés de celle-ci figure l'épouse d'Alain Ferrandi. Méthodiques comme peuvent l'être des gendarmes dans leurs enquêtes, ceux-ci se livrent à une recherche poussée sur l'entourage des uns et des autres. Des schémas ornés de flèches partant dans diverses directions sont établis. Mais il n'y a toujours pas l'ombre d'une preuve...

Le juge Thiel en a bien conscience : le 13 août, il indique aux gendarmes qu'il conviendrait de resserrer les hypothèses. Ceux-ci croient percevoir que Gilbert Thiel ne croit pas dans les chances de Roger Marion de mener à terme son enquête. *« Il va se planter »*, pronostiquerait alors le juge si l'on en croit les dires de certains gendarmes. De son côté, Bernard Bonnet est convaincu de détenir, avec son informateur, le bon filon qui le conduira tout droit aux assassins.

Le grave accident opératoire subi le 2 septembre 1998 par Jean-Pierre Chevènement risque néanmoins de ralentir son action. Le 14 octobre, le préfet appelle Philippe Barret au ministère de l'Intérieur : il détient une information importante sur l'assassinat de Claude Érignac, il ne sait quoi en faire et exprime à nouveau ses plus vives craintes vis-à-vis de la police. Selon les confidences faites par Bernard Bonnet à ses proches, Philippe Barret lui aurait alors demandé d'attendre le retour du ministre de l'Intérieur, qui se remet d'ailleurs mieux que prévu de son accident d'anesthésie.

Le 11 novembre, après la cérémonie officielle de commémoration de l'armistice de la guerre de 1914-18, Bernard Bonnet ne sait toujours pas que faire des informations qu'il détient. Il voudrait tant que l'enquête sur l'assassinat de Claude Érignac progresse ! Mais il ne souhaite plus s'en ouvrir à Roger Marion. La rupture entre eux paraît consommée. Il songe alors à rencontrer Jean-Louis Bruguière. Le contact avec lui a été plutôt bon jusqu'à présent. Mais Clotilde Valter n'est guère favorable à ce mode de fonctionnement. Pour la conseillère technique de Lionel Jospin, l'autorité administrative (le préfet) doit communiquer avec son interlocuteur judiciaire naturel, le parquet.

Rendez-vous est donc pris le 16 novembre 1998 avec le procureur de la République de Paris, Jean-Pierre Dintilhac. Bernard Bonnet lui remet une note dont *Le Monde* a publié de larges extraits. En conclusion de cette note, le préfet livre la composion du commando : Jean Castela, Vincent Andriuzzi et Alain Ferrandi. *« La participation de ces trois personnes aux préparatifs de l'assassinat de Claude Érignac serait quasiment certaine »,* écrit-il.

Lorsqu'il reçoit cette première note, le procureur de la République de Paris la transmet le jour même au juge Jean-Louis Bruguière. Il la lui remet même en mains propres. Mais rien dans la note ne peut donner à penser au premier vice-président chargé de l'instruction qu'elle émane du préfet Bonnet. Par ailleurs, le procureur de Paris lui demande de ne pas faire état de cette visite.

Par un curieux hasard de calendrier, le lendemain, 18 novembre 1998, la DNAT interpelle Jean Castela et son entourage. Parmi celui-ci figure le précieux informateur du préfet Bonnet, qui dispose d'un ordinateur Macintosh de même type que celui qui a été utilisé pour rédiger la revendication de l'assassinat de Claude Érignac. Bernard Bonnet est furieux.

Le 21 novembre, il reçoit à la préfecture ledit informateur, élargi au terme de sa garde à vue. Ce dernier se plaint auprès du préfet des pressions qu'il affirme avoir subies de la part d'un jeune commissaire fraîchement débarqué à la DNAT. Ce dernier aurait tenté de lui extorquer des informations. Pour Bernard Bonnet, il est maintenant évident que Roger Marion tente de le doubler.

Une nouvelle fois, le préfet demande au colonel Mazères d'accélérer le pas. Certes, les gendarmes de Corse enquêtent, mais, on l'a vu, la section des recherches traîne les pieds. Pire : elle enquête sur l'informateur du préfet ! Le 22 novembre, dans un document de travail de soixante pages transmis à Bernard Bonnet par la gendarmerie de l'île, les enquêteurs livrent leur interprétation, accompagnée d'un album photo des principaux intéressés. Le texte intégral de ce document est éclairant. Le nom de l'informateur du préfet, qui figure en toutes lettres à la page 9, a été remplacé ici par « XXX » pour d'évidentes raisons de sécurité :

« Les personnes faisant l'objet de l'étude sont parfaitement intégrées dans la mouvance nationaliste, mais de telle sorte qu'elles apparaissent très peu sur le devant de la scène et sont, dans le contexte actuel, quasiment insoupçonnables. À l'évidence, elles se connaissent directement, même si les liens peuvent apparaître distendus. Tel est le cas de Ferrandi Alain, apparemment en dehors du cercle des trois autres.

« Tout donne à penser qu'elles possèdent les ressources intellectuelles suffisantes pour monter une affaire d'envergure, possédant les relais indispensables pour recruter des soldats, les faire agir tout en demeurant dans l'ombre et mettre au point les diverses revendications. Le fait est, aujourd'hui important, que du matériel informatique a été

découvert chez Castella Jean [en fait, l'orthographe exacte est "Castela"], *matériel du même type que celui ayant servi à la rédaction de tracts de revendication qui ont suivi l'assassinat du préfet Érignac.*

« À souligner que selon l'hebdomadaire Le Point *du 21/11/1998, Castella Jean serait entré en dissidence en 1996 en l'absence de réactions du FLNC-Historique après l'attentat à la voiture piégée mené le 01/07/1998 contre Charles Pieri, le secrétaire général de la Cuncolta de Haute-Corse, dont le nom apparaît en filigrane dans le dossier. De là à penser que l'intéressé est allé plus loin, il n'y a qu'un pas.*

« L'impression générale, telle qu'elle ressort du dossier, c'est que Castella Jean paraît être le cerveau et l'initiateur du projet. Andreuzzi Vincent [en fait "Andriuzzi"], *pour sa part, pourrait servir de relais dans le milieu économique, tandis que Ferrandi Alain, compte tenu de la nature de ses relations et de son imbrication auprès de certaines personnes à la réputation sulfureuse, pourrait très bien jouer le rôle d'exécuteur des œuvres.*

« S'agissant de XXX, et malgré le rôle spécifique joué par lui, il est difficile de le blanchir complètement. Il est possible, dans l'hypothèse où toutes ces personnes sont étroitement impliquées dans notre affaire [rappelons que les gendarmes ne sont pas chargés de l'enquête sur l'assassinat de Claude Érignac], *qu'il ait pris conscience de l'énormité de l'acte commis et qu'il ait cherché ainsi à minimiser sa participation.*

« Au total, donc, Castella, Andreuzzi, Ferrandi et même XXX sont parfaitement capables d'avoir imaginé et mené à terme l'acte le plus grave. De même, ils ont la dimension pour réaliser à nouveau des actes aussi inquiétants... »

À l'instar du préfet Bernard Bonnet, le colonel Mazères prend son bâton de pèlerin. Direction Paris : il y rencontre à son tour Jean-Pierre Dintilhac, le 28 novembre. Selon Mazères, il trouve auprès du procureur de Paris une oreille compatissante. Ce dernier assure le colonel qu'il estime nécessaire de joindre les différentes procédures. Les risques d'une double enquête contre-productive sont maintenant patents. Mais Jean-Pierre Dintilhac regrette aussi, selon Mazères, de ne point constater une plus grande collaboration entre les services chargés d'enquêter.

Le 1er décembre, toujours selon les confidences du colonel Mazères, Gilbert Thiel paraît satisfait du travail fourni par la gendarmerie. Il regrette la stratégie du coup de poing retenue par la DNAT. Selon le juge, il faut encore construire le dossier, confirmer la piste Ferrandi. Mais Gilbert Thiel regrette l'interpellation de Jean Castela. Au colonel, il déclare : *« Cette arrestation, dont je n'ai pas été informé, gèle Ferrandi. »*

Le 11 décembre 1998, le préfet Bonnet remet une seconde note au procureur de la République Jean-Pierre Dintilhac. Il précise cette fois le rôle de chacun. Il scinde ainsi le commando en deux groupes : Castela et Andriuzzi sont les intellectuels ; Alain Ferrandi est désormais le chef incontesté du commando. *« Depuis les interpellations de la DNAT effectuées le 18 novembre, le commando s'est mis en sommeil. Le code d'authentification du commando, dit "groupe des anonymes", aurait été retiré à Vincent Andreuzzi. Alain Ferrandi dispose de ce code d'authentification. »*

Cette seconde note ne rencontre guère plus d'échos que la première.

Le 4 janvier 1999, Jean-Pierre Chevènement retrouve son ministère. Quatre jours plus tard, le ministère de l'Intérieur reprend en main le dossier corse. Patrice Bergougnoux, directeur adjoint du cabinet, réunit le 8 janvier dans son bureau Jean-Louis Bruguière et Bernard Bonnet. L'explication est franche. Et le préfet précise au juge comment il a pu disposer d'informations aussi minutieuses.

Si les apparences ont été préservées, Bernard Bonnet n'a pas beaucoup apprécié ce rendez-vous place Beauvau. Il y a vu au contraire une opération de déstabilisation menée par Patrice Bergougnoux, Jean-Louis Bruguière et Roger Marion. Selon des confidences faites aux membres de son propre cabinet, il estime que *« l'engagement de l'État en Corse tient à Lionel Jospin, au cabinet du Premier ministre et à Jean-Pierre Chevènement en personne, mais pas à ses collaborateurs »*.

Roger Marion est maintenant informé par Jean-Louis Bruguière du contenu des notes du préfet Bonnet. Ces informations valident les hypothèses sur lesquelles travaillaient la DNAT et les RG. Mais, regrette Roger Marion, trois mois ont été perdus. Depuis le mois de juillet précédent, Alain Ferrandi est la cible d'une attention constante de la section opérationnelle de recherches spécialisées (SORS) des RG ; son entourage, notamment les frères Colonna, de Cargèse, est suivi par le RAID. La police est prête à interpeller le commando du Sud.

Chapitre 9

La découverte des assassins[1] de Claude Érignac

« Il fallait rechercher une aiguille dans une meule de foin », commente un enquêteur. Cette meule de foin a révélé tous ses secrets pendant le week-end de la Pentecôte 1999. Au cours de leurs quatre jours de garde à vue, les nationalistes ont détaillé l'ensemble du dispositif mis en place lors de l'assassinat du préfet Claude Érignac en vue de provoquer *« un électrochoc »*. Ils espéraient une réaction massive de l'État *« pour nettoyer l'île des chefs de clans corrompus* [la classe politique traditionnelle], *des leaders nationalistes dévoyés et des délinquants institutionnels »*. En ce sens, au moins, ils ont pleinement atteint leur objectif. Sous le contrôle du préfet Bonnet, l'État a énergiquement réagi.

Le groupe interpellé était très structuré. Partisans d'une ligne dure, ces nationalistes avaient un comportement qui n'était pas sans rappeler celui des « brigadistes » italiens,

1. Il reste évident qu'aux termes de la loi, ces personnes, même si elles ont reconnu leur participation aux faits, sont, jusqu'à leur jugement, « présumées innocentes ».

ou bien encore calqué sur le fonctionnement des Basques de l'ETA : une direction bicéphale, alliant politiques (Jean Castela) et militaires (Alain Ferrandi), et trois commandos (celui de Bastia en charge des attentats sur le continent, les deux du Sud s'occupant des attentats en Corse même).

Jamais sans doute les enquêteurs de la division nationale antiterroriste (DNAT) de la police judiciaire n'ont eu à mener une enquête aussi minutieuse.

Début février 1999, alors que le préfet Claude Érignac est mort depuis un an, les fuites dans la presse sur les futurs objectifs de la police semblent sonner le glas des espoirs de retrouver les auteurs de l'assassinat. La guerre des services, on l'a dit, vient alors d'atteindre son paroxysme. La police soupçonne les gendarmes de vouloir, par des indiscrétions, faire capoter l'affaire. Ces derniers ont été dessaisis de l'enquête sur l'attentat commis contre la gendarmerie de Pietrosella, au sud du golfe d'Ajaccio, durant la nuit du 5 au 6 septembre 1997. Pour étayer leur mise en cause, les policiers citent des passages précis d'articles de presse. Ainsi, des nationalistes du col Saint-Georges, au sud d'Ajaccio, sur la route de Propriano, sont évoqués par certains journaux. De fait, un des informateurs du préfet a cité plusieurs noms, dont celui d'Istria. Mais les gendarmes se perdent dans les homonymies : ils surveillent un Istria du col Saint-Georges, alors que l'enquête de la police judiciaire accablera Marcel Istria, qui vit encore avec sa mère à Urbalacone, à l'intérieur de l'île, au sud d'Ajaccio. Les gendarmes se défendent et dénoncent une guerre entre la DNAT et une poignée d'ex-policiers locaux encore informés par l'ancien patron du SRPJ d'Ajaccio, Dimitrius Dragacci. Rien n'est venu – au contraire – conforter cette hypothèse.

Jamais en retard pour dénoncer les « magouilles » de l'État, les nationalistes corses y voient une manipulation de plus visant à les désigner à la vindicte populaire à un mois des élections territoriales des 7 et 14 mars. Rien ne permet alors, selon eux, de dire que les tueurs sont issus de leurs rangs.

Quoi qu'il en soit, le seul fait que les articles de presse évoquent une piste au col Saint-Georges semble bel et bien désigner les gendarmes comme étant à l'origine des fuites. Le colonel Mazères a été fort marri de se voir dépouiller de son enquête. Tient-il à ce qu'on sache qu'il était tout proche du cœur de la cible ? Il souhaite en tout cas proclamer que ses hommes n'ont pas démérité, au contraire ! Pourtant, les ordres de la direction générale de la gendarmerie étaient formels : *« Cesser toute enquête et se recentrer dans le domaine financier. Et notamment autour de personnalités qui pourraient bénéficier d'appuis politiques. »*

C'est donc dans la confusion générale qu'un gardien de la paix de la DNAT découvre le pot aux roses à la mi-février. Depuis plusieurs semaines, il s'use les yeux sur les listes des appels téléphoniques passés depuis des téléphones portables dans la soirée de l'assassinat du préfet Érignac. Il dénombre pas moins de quatre mille cinq cents appels sur le seul relais GSM du centre d'Ajaccio. Tous sont identifiés. Parmi ceux-ci, un trafic entre deux téléphones portables intrigue le policier : il décompte huit échanges entre un téléphone appartenant à la compagnie de location de voitures Hertz, située à l'aéroport de Bastia Poretta, et un téléphone au nom de l'hôtel *Le Grand Bleu*, situé à Cargèse, village côtier à une cinquantaine de kilomètres au nord d'Ajaccio.

L'indice est bien mince, mais suffisant pour mériter d'être examiné de plus près. Ces appels sont en effet extrêmement troublants. Ils sont répétés et brefs. Une conversation suivie semble impossible. En revanche, ils peuvent permettre de transmettre des informations, par exemple sur les mouvements de la voiture du préfet Claude Érignac, ce soir du 6 février 1998.

Le préfet et son épouse doivent assister à un concert donné par l'orchestre d'Avignon au théâtre municipal *Le Kalliste*, distant d'un peu plus d'un kilomètre de la préfecture, en direction du port de plaisance de l'Amirauté. Après avoir déposé son épouse devant le théâtre, le préfet Érignac revient se garer sur le trottoir, cours Napoléon. À peine remonte-t-il la rue Colonel-Colonna-d'Ornano qu'un tueur en faction tire sur lui par trois fois à bout portant. Puis le tireur prend froidement le soin de jeter son arme, qui signe le meurtre. Elle avait en effet été dérobée, avec une autre, lors de l'attentat perpétré contre la gendarmerie de Pietrosella, cinq mois plus tôt jour pour jour.

Si les appels téléphoniques repérés par le policier intriguent, il reste encore à identifier les utilisateurs réels des portables. Il apparaît rapidement que le téléphone de la société Hertz, à Bastia, est celui d'Alain Ferrandi, gérant de l'agence Hertz de l'aéroport d'Ajaccio. Il l'utilise pour appeler régulièrement son épouse et sa banque. On le sait : Ferrandi n'est pas un inconnu des services de police.

Début août 1998, l'enquête sur l'assassinat de Claude Érignac semble encore piétiner. Les interpellations massives opérées dans les milieux nationalistes de toutes tendances n'ont pas permis la moindre mise en examen dans ce dossier. Certes, les enquêteurs commencent à avoir une connaissance plus fine des mouvements nationalistes et de leurs principaux activistes. Les dissidents de la Cuncolta Indipendantista, bras politique du FLNC-Historique, apparaissent comme les principaux suspects (une note des Renseignements généraux datée de la nuit de l'assassinat les a désignés comme tels). Au premier rang, on l'a vu, figure Marcel Lorenzoni, interpellé deux jours après le meurtre du préfet. Mais aucune preuve n'existe. Tous croupissent en prison pour association de malfaiteurs en relation avec une entreprise terroriste ; cette information judiciaire pourrait néanmoins se terminer par une cascade de non-lieux.

En ce début d'août 1998, les gendarmes enquêtent de leur côté sur l'attentat commis contre la gendarmerie de Pietrosella. Le préfet Bernard Bonnet, qui ne cache pas sa préférence pour les services de gendarmerie, bénéficie des lumières d'un ancien nationaliste. Ce dernier lui conseille de s'intéresser à Alain Ferrandi. Cet ex-agriculteur, devenu directeur de l'agence Hertz à Ajaccio, aurait joué un rôle clé dans l'assassinat.

De son côté, la direction centrale des Renseignements généraux (DCRG) est sur la piste de l'équivalent corse du professeur Olivier, d'Action directe[1] : Jean Castela est professeur d'histoire-géographie au lycée Giocante-de-Casabianca, à Bastia. Âgé de 40 ans, ce militant révolutionnaire, qui l'a toujours été, se passionne pour les

1. André Olivier, né en 1943, est le fondateur de la branche lyonnaise d'Action directe. Il était considéré comme l'« intellectuel » du groupe armé.

luttes de libération nationale à travers le monde. À son domicile, il conserve des livres et maintes coupures de presse sur les mouvements séparatistes basque, kurde, irlandais et même thaïlandais.

Jean Castela, l'intellectuel : *« Le brigadiste, c'est lui ! »* Le groupe paramilitaire de Cargèse-Sagone avait besoin d'un « penseur ». Ferrandi et les siens étaient sans doute rompus aux attentats et à la mise en coupe réglée d'une région, mais il leur manquait le ciment intellectuel qui différencie – du moins l'estimaient-ils – une simple association de malfaiteurs d'un groupe clandestin formé à la lutte armée.

Castela, animal à sang froid

Jean Castela est né le 28 juillet 1959 à Nice, mais ses racines sont dans le Jura. C'est pourtant en « corsitude » qu'il tombe comme on entre dans les ordres. C'est au sein de la section du quartier populaire de Bastia, Lupino, qu'il fait ses premières armes en nationalisme corse. Il est proche de Charles Pieri, patron de la Cuncolta pour la Haute-Corse. Ce dernier est supposé appartenir à la direction du FLNC-Historique.

Le 1er juillet 1996, une voiture piégée explose devant les locaux de la société de sécurité Bastia Securita, et blesse gravement Charles Pieri. Jean Castela attend une réaction ferme après ce règlement de comptes entre nationalistes. Mais elle ne vient pas. Il entre alors en dissidence. Castela a néanmoins besoin de soldats. C'est donc lui qui contacte Ferrandi. Les deux hommes se retrouvent pour refonder un nationalisme à leurs yeux compromis.

Il faut un « penseur » : Castela, le professeur spécialisé en mouvements séparatistes, est tout désigné.

Les policiers de la DCRG multiplient filatures et surveillances. Le SRPJ d'Ajaccio fournit une aide précieuse. Depuis l'arrivée de Frédéric Veaux, ancien patron des « Stups » à Marseille, les relations avec la DNAT se sont notoirement améliorées. Jean Castela, qui effectue de nombreux déplacements sur le continent, a déjà intéressé les Renseignements généraux en 1995 et 1996 : ils le soupçonnent d'être un des auteurs des attentats commis sur le continent. Une photo de lui a même été diffusée. Et, à chaque plasticage, les policiers se rendent dans les ports et aéroports pour tenter de repérer le professeur lors de son retour en Corse.

Le 19 août 1998, Jean Castela et un instituteur, Vincent Andriuzzi, quittent leur région bastiaise pour Ajaccio. Castela conduit involontairement les policiers jusqu'à une cité populaire pour un mystérieux rendez-vous. L'enquête de voisinage révèle que la sœur d'Alain Ferrandi loge habituellement dans un appartement de cette cité. Marie-France Ferrandi, qui est en vacances à Porto-Vecchio, présente également l'avantage pour les policiers d'être une amie de la compagne de Jean Castela, Stella. Elles se retrouvent régulièrement au sein d'une association de consommateurs. C'est ici que se croisent les pistes « agricole » et « intellectuelle » que Jean-Pierre Chevènement a regroupées dès janvier en Corse en une seule et même piste : la « piste criminelle ».

Le 18 novembre 1998, la DNAT interpelle Jean Castela, cible privilégiée des RG. Cet *« animal à sang froid »*, selon les enquêteurs, ne perd pas son flegme au cours de sa garde à vue. *« Il peut même nier l'évidence »*, dit de lui un proche du dossier. Examinant un petit carnet découvert dans une de ses vieilles vestes, les policiers sont intrigués par des plans de bâtiments publics. Castela prétend qu'il ne pouvait s'empêcher, lors de ses voyages sur le continent avec ses élèves de la classe BTS de tourisme, de dessiner des croquis des villes qu'il visitait. Sans doute par déformation professionnelle, ce professeur portait une attention toute particulière aux « R » (rectorats) et autres « IA » (inspections académiques) décrits dans son carnet.

Il est dans un premier temps mis en examen pour l'attentat commis contre le rectorat de Paris, rue Curial, le 15 septembre 1994. Cet attentat a failli coûter très cher à Jean Castela. La direction du FLNC-Historique du sud de l'île a été particulièrement furieuse de cet acte dont elle affirme ne pas avoir été prévenue. Ce plasticage est intervenu en effet en pleine discussion avec le gouvernement. Après une première revendication émanant du groupe de Castela, la direction du FLNC-Historique s'est fendue d'un démenti du plus mauvais effet. Castela a même été très explicitement menacé par ses homologues « cagoulés ».

Puis le juge antiterroriste Jean-Louis Bruguière lui signifie sa mise en examen pour les attentats commis contre l'ENA à Strasbourg durant la nuit du 4 au 5 septembre 1997, et contre le palais des congrès et l'hôtel *Majestic* de Vichy dans la nuit du 10 au 11 du même mois.

Mais les luttes intestines entre gendarmerie et police ne connaissent aucune trêve. En décembre 1998, le juge antiterroriste Gilbert Thiel, qui a saisi la gendarmerie pour enquêter sur l'attentat de Pietrosella, met un terme à cette collaboration. Il estime alors que les gendarmes ont rompu le contrat de confiance qu'il avait passé avec eux. Une note du 29 octobre 1998 du bureau de l'animation et de la coordination (BAC) dc la gendarmerie a mis le feu aux poudres[1]. Dans cette prose maladroite, les gendarmes relatent le déplacement en Corse du juge Thiel, le 28 octobre. Selon eux, *« à maintes reprises, BAC a fait part de l'inertie du juge aux demandes de la section des recherches d'Ajaccio »*. Plus grave encore aux yeux du juge Thiel, les gendarmes ont fait état de conversations privées au cours desquelles le magistrat a reproché au SRPJ d'Ajaccio comme à la section des recherches de la gendarmerie d'avoir livré à la DNAT une trentaine de procès-verbaux ! Or la DNAT n'était en rien saisie du dossier de Pietrosella.

La colère de Gilbert Thiel est à la mesure de son isolement au sein du dispositif antiterroriste. Il se plaindra de ne pas avoir été totalement associé à la phase finale de l'enquête par le patron de la DNAT, Roger Marion. Ce dernier, il est vrai, a plutôt l'habitude de gérer ses dossiers en direct avec Laurence Le Vert et Jean-Louis Bruguière.

Désormais, en ce mois de décembre 1998, les dossiers « Strasbourg », « Pietrosella », « Vichy » et « Érignac » ne font plus qu'un. Et ce sont les policiers de la DNAT et du SRPJ d'Ajaccio qui se trouvent en charge de la totalité de l'enquête. Ce camouflet est durement ressenti par les gendarmes. D'autant plus que le colonel Henri Mazères et le préfet Bonnet croyaient avoir convaincu les

1. Voir annexe 4.

juges antiterroristes qu'ils devaient rester étroitement associés à l'enquête.

En janvier 1999, une fois la police en charge de l'ensemble de l'enquête, Ferrandi est l'objet d'une étroite surveillance de la section opérationnelle et des recherches spécialisées de la DCRG. Mais les fuites, à quelques jours des interpellations programmées, ruinent toute possibilité d'arrestation fructueuse.

C'est alors que le travail méticuleux et systématique qui caractérise une enquête criminelle commence à « payer ». Pendant des journées entières, les policiers épluchent des listes de numéros de téléphone. Ils pensaient pouvoir utiliser pour ce faire un logiciel informatique mis au point par le SRPJ de Marseille dans le cadre d'une ancienne affaire. Cet outil informatique apparaît vite inadapté. Mais la police recèle parfois des génies insoupçonnés. Ainsi, un inspecteur de la DNAT, passionné d'informatique, met au point un programme spécifique. Plusieurs milliers de numéros de téléphone sont injectés dans l'ordinateur. C'est grâce à ce programme que le piège va se refermer sur les nationalistes interpellés, le vendredi 21 mai 1999.

La piste des téléphones portables

Que découvrent alors les policiers ? Que le portable d'Alain Ferrandi n'est jamais entré auparavant en contact avec celui de l'hôtel *Le Grand Bleu* et qu'il ne le fera jamais plus après le soir de l'assassinat de Claude Érignac, mais qu'à ce moment-là les deux téléphones ne cessent de s'appeler. Ils sont mis en service en même temps, à 20 h 15, soit près de quarante minutes avant la sortie de la préfecture de Claude Érignac. Les deux portables sont localisés dans le centre d'Ajaccio, sur le cours Napoléon, juste en face de la préfecture. Ils émettent sur la borne téléphonique « AJA C1 », placée au-dessus de la poste centrale.

À 20 h 16 : Ferrandi appelle *Le Grand Bleu* (durée de l'appel : 15 secondes).

À 20 h 19 : *Le Grand Bleu* appelle Ferrandi (durée de l'appel : 10 secondes).

À 20 h 21 : *Le Grand Bleu* appelle Ferrandi (durée de l'appel : 6 secondes).

À 20 h 23 : *Le Grand Bleu* appelle Ferrandi (durée de l'appel : 16 secondes).

À 20 h 29 : Ferrandi appelle *Le Grand Bleu* (durée de l'appel : 27 secondes).

À 20 h 43 : Ferrandi appelle *Le Grand Bleu* (durée de l'appel : 40 secondes).

À 20 h 55 : le préfet Claude Érignac sort de la préfecture.

À 20 h 56 : *Le Grand Bleu* appelle Ferrandi (durée de l'appel : 18 secondes).

À 20 h 57 : Ferrandi appelle *Le Grand Bleu* (durée de l'appel 15 secondes).

À 20 h 58 : le préfet dépose son épouse devant le théâtre *Le Kalliste*.

À 21 h 02 : Claude Érignac se gare sur le trottoir, cours Napoléon.

À 21 h 03 : le préfet Érignac succombe aux coups de feu tirés par ses tueurs.

Qui est donc le mystérieux propriétaire de l'autre portable en liaison si fréquente ce soir-là avec celui de

Ferrandi ? Qui est l'utilisateur de ce téléphone enregistré au nom de l'hôtel *Le Grand Bleu* ? Il apparaît que son utilisateur habituel est le comptable de cet établissement touristique : Didier Maranelli. Père d'une petite fille, Maranelli passe pour un bon vivant. Tout en rondeurs, dit-on. À 21 h 23, Maranelli téléphone à son domicile depuis Mezzavia, sur la route de Cargèse.

Quand ils déclenchent leurs interpellations, le vendredi 21 mai, les policiers ne sont pas assurés que Maranelli était bien, le 6 février 1998, l'utilisateur de son téléphone. Tout va donc dépendre de son attitude lors de sa garde à vue.

« Une chaîne tient toujours par son maillon faible », avait l'habitude de déclarer Marcel Lorenzoni, incarcéré depuis le 9 février 1998, soit trois jours après la mort du préfet Claude Érignac. Il n'apparaît plus désormais comme un rouage essentiel dans l'exécution du préfet. Pour les policiers, le *« maillon faible »* qui doit lâcher si l'on veut que la chaîne entière se brise, est vite désigné : c'est Didier Maranelli. Il est arrivé dans le groupe par l'intermédiaire de son ami Yvan Colonna, le tueur présumé.

Quand la DNAT livre aux Renseignements généraux le nom de Maranelli, le lien est aussitôt établi. Les 20 et 21 janvier 1999, les RG ont en effet effectué une surveillance à Cristinacce, près de Cargèse. Ces deux jours-là, José Versini, éleveur de porcs, a « tué le cochon ». Alain Ferrandi et Pierre Alessandri étaient là. De même que Didier Maranelli. Les policiers ont remarqué l'imposant 4×4 qu'il conduisait.

Maranelli est un ancien militant de l'UPC. En 1992, il a rejoint Corsica Nazione. Il ne passe pas pour un extrémiste, mais les RG pensent tenir une piste. L'hôtel *Le Grand Bleu* où il travaille appartient à une chaîne qui gère un autre hôtel dans la région de Montpellier. Or, pour les enquêteurs, il ne fait presque plus aucun doute que les auteurs de l'attentat contre la mairie de Bordeaux, le 5 octobre 1996, sont passés par Montpellier. Mais, en fin de compte, cette hypothèse de travail ne sera pas confirmée.

Maranelli n'en est pas moins un personnage important. Il est interpellé le 21 mai à la première heure et transféré dans l'après-midi à Paris. Sa première audition le perd : *« Non, il n'a pas prêté son téléphone portable. Non, il n'était pas à Ajaccio, mais à la chasse à la bécasse sur les hauteurs de Sagone. »* C'est son épouse, également interpellée, qui va faire voler en éclats cet alibi incompatible avec la présence du portable de Maranelli, le soir de l'assassinat, dans le centre d'Ajaccio. La jeune femme a beau, dans la foulée, faire état de ses « gros doutes » sur l'implication de son mari dans l'assassinat, elle n'en déclare pas moins :

« Il n'est jamais allé à la chasse ce jour-là. Il portait des vêtements de ville. Didier a pris ma voiture après avoir retiré le siège-bébé qui se trouvait à l'arrière, ce qu'il ne fait jamais. Il est rentré vers 23 heures. Le lendemain de la mort de Claude Érignac, il m'a dit que si un jour on m'interrogeait sur son emploi du temps, je devrais dire qu'il était seul... à la chasse. Puis Yvan Colonna est venu à la maison, très tôt le matin. Ils ont parlé de l'assassinat. Mais quand je me suis approchée, ils ont arrêté de parler. Ils ne voulaient pas que j'entende. »

Cette première déposition, le vendredi soir, scelle le sort de Didier Maranelli. Mais la DNAT ne croit pas utile d'interpeller Yvan Colonna. Lorsque les policiers viendront chez lui trente-six heures plus tard, il se sera enfui. Non sans avoir accordé une interview à *TF1* !

Dès sa deuxième nuit de garde à vue, Maranelli avoue et livre ce qu'il sait du dispositif en place au soir de l'assassinat de Claude Érignac :

« Je me trouvais devant la préfecture pour donner le top *de départ du préfet. Ferrandi était le chef du dispositif. Il guettait avec Istria et Alessandri. Colonna était rue Colonel-Colonna-d'Ornano, où il a tiré sur le préfet. C'est Martin Ottaviani qui les a récupérés à bord d'une voiture située rue John-Fitzgerald-Kennedy. »*

Les enquêteurs sont alors dans la meilleure situation qui soit : après seulement quarante-huit heures de garde à vue, il leur reste encore deux jours pour approfondir leurs investigations.

En contact avec les policiers, le juge antiterroriste Laurence Le Vert gère l'ensemble de cette phase sensible. Elle est souvent installée dans le bureau de Roger Marion. Cette femme à poigne, mais à la voix douce, aime les dossiers. Pas un procès-verbal n'échappe au scalpel de ses grands yeux verts. Jouissant de toute la confiance de Jean-Louis Bruguière, elle se passionne pour les interrogatoires vifs et précis. Les policiers l'apprécient, car elle les comprend, voire partage leurs méthodes. Elle ne déjeune ni ne dîne en ville. Son bureau de la galerie Saint-Éloi lui tient souvent lieu de domicile.

Le schéma des aveux se reproduit à l'identique avec les autres personnes gardées à vue. Le dimanche matin, Alain Ferrandi manifeste des signes de résignation. Dans un premier temps, il a affirmé aux policiers qu'à l'heure de l'attentat il regardait l'émission « Territoires », sur

France 3 Corse, chez lui en compagnie de son épouse. Finalement, il avoue et dévoile les mobiles de l'assassinat du préfet : « *Après les trois premiers attentats contre l'ENA de Strasbourg, la gendarmerie de Pietrosella et le palais des congrès de Vichy, il n'y a eu aucune réaction,* explique-t-il en substance. *Nous avons alors décidé de frapper un grand coup.* »

Il ajoute : « *Je peux préciser que mon rôle a été de participer à cet attentat de A à Z. Je suis co-instigateur du projet d'assassinat du préfet Érignac, symbiose d'une idée commune entre plusieurs personnes. Mes aveux sont un acte égoïste, guidé par un sentiment de faiblesse vis-à-vis de mon entourage. Je suis un mauvais soldat. Un vrai ne devrait avoir ni femme ni enfant.* »

Et le commando de détailler l'opération. Il savait que le préfet Érignac ne manquait aucune manifestation culturelle. C'est donc tout naturellement en lisant les journaux qu'ils ont découvert celle qui était à venir : un concert donné par l'orchestre d'Avignon. Le 5 février, veille de l'assassinat, José Versini et Pierre Alessandri repèrent les lieux autour du théâtre du *Kalliste.*

Le lendemain, Versini, alité, n'est pas de l'opération. Le préfet meurt sous les balles du tueur. Yvan Colonna, désigné comme étant celui-ci, est toujours en fuite. Il s'est opportunément volatilisé dans les montagnes à la recherche de ses chèvres au moment où les policiers venaient l'interpeller. Il n'a eu que le temps de retirer trente mille francs à la banque : le prix d'une cavale. Le temps, aussi, de donner, en compagnie de son frère Stéphane, une interview à *TF1* pour protester de son innocence.

Sur place, Pierre Alessandri, également muni d'un pistolet automatique, assurait la protection de Colonna. Alain Ferrandi dirigeait le dispositif. Du moins est-ce de cette façon que devait se dérouler l'opération. Mais le commando a bien failli échouer dans sa tentative.

À nouveau entendus par le juge Laurence Le Vert, les membres ont pu mieux préciser leur *modus operandi*. Colonna, protégé par Alessandri, attendait le préfet Érignac devant le théâtre du *Kalliste*. Ne trouvant pas de place pour stationner devant, Claude Érignac a déposé son épouse, non sans être descendu pour lui ouvrir la portière. Le commando s'est précipité pour l'assassiner à ce moment-là. Mais trop tard : le préfet était déjà reparti pour se garer ailleurs. Le commando a alors rebroussé chemin. C'est par hasard qu'ils ont vu Claude Érignac garer sa voiture sur le trottoir du cours Napoléon. Alessandri, qui marchait plus vite que les autres, a alors croisé le préfet sur le trottoir. Colonna, protégé par Alain Ferrandi, lui a à son tour fait face, l'a laissé passer, s'est retourné, a ouvert son blouson et fait feu à trois reprises dans la tête. Puis, rattrapés par Alessandri, les deux hommes se sont éloignés d'un pas vif.

Après l'opération, le commando, conduit par Martin Ottaviani, a regagné sa base arrière, dans un hangar de la société Hertz situé sur la zone industrielle de Baleone, à la sortie nord d'Ajaccio. Ils y ont retrouvé Marcel Istria. Alessandri et Colonna ont dormi chez Ferrandi, à Alata.

Né le 21 juillet 1969 à Bastia, Alain Ferrandi est un dur à cuire, pas un enfant de chœur. Patron de la compagnie de location de voitures Hertz sur l'aéroport Campo dell'Oro, à Ajaccio, son parcours est plutôt atypique. Agriculteur, il milite d'abord dans le syndicalisme au sein du Centre des jeunes agriculteurs (CDJA). Il se signale dans les rangs nationalistes vers la fin des années 80. D'anciens compagnons de clandestinité se souviennent qu'il devient alors le responsable du secteur Sagone-Cargèse du FLNC-Historique. En 1988, alors que les clandestins viennent d'annoncer une trêve de longue durée à l'occasion de la réélection de François Mitterrand à la présidence de la République, ils voient ce marginal occupé à reconstituer des stocks d'explosifs et d'armes. Lors de la campagne des élections territoriales de 1992 – les premières du « statut Joxe » –, Ferrandi se signale à nouveau en adressant aux continentaux de Cargèse des lettres de menaces du FLNC-Historique pour les dissuader de se rendre aux urnes. Là encore, il se fait sermonner par ses chefs. Mais il n'en tient pas compte.

« Alain Ferrandi était en permanence à contre-courant, et toujours dans le sens le plus radical », se souvient un de ses anciens proches. Son interpellation dans le cadre de l'enquête sur l'assassinat du préfet Érignac n'a que peu surpris. Depuis des années, il s'était peu à peu engagé dans une démarche de type « brigadiste », constituant autour de lui un noyau d'irréductibles.

« Peut-être aurais-je dû mieux l'aimer et lui consacrer plus de temps qu'à la politique. Je n'ai pas su l'élever... » Dans la véranda ensoleillée de sa villa dominant la mer, Jean-Hugues Colonna se penche avec amertume sur ses relations passées avec son fils Yvan, tueur présumé du préfet. L'ancien député socialiste des Alpes-Maritimes, un moment conseiller des ministres de l'Intérieur Pierre Joxe et Philippe Marchand, ne comprend pas l'enchaînement qui a pu conduire son fils Yvan, 39 ans, à assassiner Claude Érignac.

Dans ce petit village de huit cents âmes, où le Prix Nobel Georges Charpak a ses habitudes, tout le monde connaît Yvan Colonna. *« On le présente comme un pur et dur, en oubliant qu'avec sa bande il a mis la région en coupe réglée depuis des années »,* précise un enquêteur. *« Ici, personne ne déploiera de banderole pour réclamer sa libération »,* assure-t-il. Intégriste du nationalisme, Yvan Colonna a prénommé son propre fils Ghjuvan Battista en hommage à un militant du FLNC abattu au cours d'une opération de commando. Il a poussé jusqu'à l'outrance sa haine de la France, au point de mettre un terme à ses études de professeur d'éducation physique pour ne pas avoir à séjourner sur le continent. Pire : l'origine bretonne de sa mère lui pose un cas de conscience !

Yvan Colonna est présenté par d'anciens clandestins comme un caractériel toujours prêt à faire le coup de poing. Malgré les exhortations de son père, il ne devrait pas se rendre aux policiers. Ce montagnard, éleveur de chèvres, a le cuir tanné.

Autre lieutenant de Ferrandi, Pierre Alessandri est aussi un dur. Cet agriculteur de 40 ans est déjà « un vieux de la vieille » : du moins le présente-t-on ainsi dans les milieux nationalistes. Son exploitation de Cargèse est spécialisée dans les plantes aromatiques, tout particulièrement dans les huiles essentielles. En 1991, il devient membre de l'exécutif de la Cuncolta, la branche politique du FLNC-Historique. C'est un homme on ne peut plus déterminé. À un moment très proche de François Santoni, il a rompu avec lui en 1995. Bien qu'éloigné d'Alain Orsoni, leader des nationalistes rivaux du MPA, il est farouchement opposé aux règlements de comptes internes au camp nationaliste. Membre présumé du FLNC-Historique, les actions militaires ne lui ont jamais fait peur. *« Il n'hésitait pas à mettre la main à la pâte »,* disent de lui ceux qui l'ont connu sous la cagoule.

José Versini, éleveur de porcs, est un ancien militant nationaliste, mais jamais ses proches ne l'auraient imaginé mêlé à une telle affaire. Il venait de se présenter aux élections territoriales en Corse sur une liste prônant l'abandon de la lutte armée.

Marcel Istria, ex-militant de la Cuncolta, gardien de nuit au dépôt Hertz de Baleone, est considéré comme un être sans grande culture politique. Parmi les membres présumés du commando, il est l'un des seuls à ne pas avoir avoué et à contester sa participation. À 34 ans, il vit encore chez sa mère. Dans les années 90, il était connu comme vendeur de chiens.

Au cours de leur garde à vue, les membres du commando ont aussi reconnu avoir plastiqué la gendarmerie de Pietrosella. Deux équipes avaient été constituées. Elles communiquaient au moyen de talkies-walkies. Alessandri, l'artificier, avait pour nom de code « Jacob ». Ferrandi se faisait modestement appeler « King ». La deuxième arme dérobée cette nuit-là a été jetée à la mer au large de Cargèse, alors que la pression policière se resserrait sur le groupe. Pierre Alessandri a également brûlé les tenues de gendarmes dérobées.

Au fil de ses confidences, Alain Ferrandi fait également état de leurs liens avec les Bastiais. C'est le groupe de Haute-Corse qui a commis les attentats de Strasbourg et de Vichy. C'est lui qui rédigeait toutes les revendications, puis les soumettait pour *imprimatur* au groupe du Sud avant qu'elles ne soient expédiées. Le groupe du Nord était composé du professeur Jean Castela, de l'instituteur Vincent Andriuzzi et de leur homme de main, Jean-Philippe Antolini. Lors de l'interpellation de Jean Castela, la police a saisi son ordinateur et son imprimante. L'expertise a permis de mettre au jour, parmi les fichiers effacés, des morceaux de textes de revendication. Et notamment la célèbre phrase : *« On ne transige pas avec le colonialisme, on l'abat. »* Jean Castela a alors été à son tour mis en examen pour complicité d'assassinat. En revanche, dans ses aveux, Ferrandi dédouane Mathieu Filidori, mis en examen et incarcéré la veille de la dernière vague d'interpellations.

Vincent Andriuzzi, instituteur spécialisé dans l'enseignement dispensé aux enfants handicapés, est également mis en cause. Il a été interpellé le mercredi 26 mai, puis écroué. Les policiers ont retrouvé parmi les relevés de communications téléphoniques la trace de dizaines d'appels passés entre Alain Ferrandi et lui. C'est également lui qui a accompagné Castela, le 19 août 1998, dans l'appartement de Marie-France Ferrandi.

Pour les enquêteurs, la boucle est bouclée. Après seize mois d'investigations au cours desquelles les « coups tordus » et les arrière-pensées n'ont pas manqué, la police, soupçonnée par le préfet Bernard Bonnet d'être aux mains de « réseaux » restés fidèles à d'anciens locataires de la Place Beauvau comme Charles Pasqua ou Pierre Joxe, a élucidé la plus grave affaire criminelle qu'ait connue la Corse. Une réussite pour Jean-Pierre Chevènement, en passe d'être déstabilisé par l'affaire de l'incendie de la paillote *Chez Francis*. Et naturellement aussi pour Lionel Jospin et l'ensemble de son gouvernement.

Chapitre 10

Mazères et les gendarmes du GPS

Pathétique désillusion : Bernard Bonnet et les gendarmes incarcérés ont suivi sur leurs téléviseurs le retentissant succès remporté par les services de police dans leur enquête sur l'assassinat de Claude Érignac. L'incroyable pression qui pesait sur les acteurs de ce huis clos corse n'aura donc servi à rien... qu'à conduire derrière les barreaux les plus hautes autorités de l'État dans l'île. Une première !

Pression : le maître mot. D'abord celle qui pèse sur Bernard Bonnet : il veut à tout prix assurer en un temps record le rétablissement de l'état de droit.

Pression sur Gérard Pardini : il ne veut pas décevoir celui qui l'a fait venir dans sa Corse natale, alors qu'il vit mal son divorce en cours.

Pression, enfin, sur le colonel Henri Mazères, qui doit s'entendre au mieux avec Bernard Bonnet : la gendarmerie a une chance unique de démontrer son savoir-faire alors que le redéploiement entre ses compétences et celles de la police figure parmi les plans – critiqués – du gouvernement. La Corse est donc son laboratoire. La section des recherches y est considérablement renforcée. Avec cinquante-cinq gendarmes, elle devient la plus importante de France. Pour la Corse, une unité spécialisée[1] est créée : le groupe de pelotons de sécurité (GPS). Si le fonctionnement de cette unité est satisfaisant, il pourrait, à terme, être généralisé à l'ensemble du territoire. Bref, pour la gendarmerie, les enjeux sont considérables.

Henri Mazères a tout d'un homme chaleureux. Le regard vif, le sourire au coin des lèvres, la faconde toute landaise, ce fils de sous-officier de gendarmerie n'est pas à proprement parler un homme de terrain. Saint-cyrien, ingénieur informaticien, c'est lui qui a mis en place le réseau informatique de la gendarmerie en France. Sa nomination en Corse n'avait d'ailleurs pas fait l'unanimité à la direction générale de son arme ; certains officiers généraux auraient préféré un homme plus habitué au commandement pour épauler le préfet Bonnet. Déjà, le nom du colonel Gérard Rémy avait été avancé. C'est lui qui sera nommé en remplacement d'Henri Mazères après l'incarcération de ce dernier.

Quand il arrive en Corse, en juin 1998, le colonel Mazères n'a de cesse de plaire au préfet Bonnet. Il entend remplacer – et en mieux ! – le lieutenant-colonel Bertrand Cavallier, arrivé dans les valises du préfet en tant que chargé de mission. *« J'avais été nommé avec comme consigne de faire que tout se passe au mieux avec le préfet et de gagner sa confiance. Le préfet de région était tout-puissant sur l'île. Il avait la confiance absolue du gouvernement et plus particulièrement des services du Premier ministre. »* Le colonel ne craint aucun sacrifice. Il est de permanence toutes les nuits. Il ne prend pas un jour de congé. Il est toujours disponible.

1. Voir annexe 6.

Son épouse, assistante de direction, est, elle, restée à Paris. Elle vit assez mal cette première séparation, imposée, avec son mari : « *Nous pensions nous voir tous les quinze jours*, dit-elle. *Mais les difficultés de transport ont entraîné l'espacement de nos voyages.* » Jusqu'à son interpellation, le lundi 27 avril 1999, le colonel n'a pas pris de vacances : « *Deux jours en tout et pour tout*, se plaint son épouse. *Le préfet l'appelait constamment à mon domicile, à Paris. Régulièrement, il devait partir au bout d'un jour, un jour et demi, alors qu'il était là pour une semaine. Mon mari vivait constamment sous pression. Quand je venais une semaine lui rendre visite, je ne le voyais quasiment pas.* »

Affable et autoritaire, le colonel est un homme à la personnalité complexe. « *Le chef, ici, c'est moi* », clame-t-il souvent devant ses officiers. « *Mon mari a l'habitude de donner des ordres et d'être obéi*, ajoute son épouse. *C'est quelqu'un de très à cheval sur les principes. Quand il a enlevé sa tenue militaire, c'est un homme comme les autres. C'est vrai, il n'est pas le même en militaire et dans le civil...* » Les gendarmes qui ont servi sous ses ordres ne débordent pas d'éloges à son sujet : « *Il était maladroit dans les relations humaines*, se souvient l'un d'eux. *Il soufflait sans cesse le chaud et le froid. Un jour, il blaguait ; le lendemain, il nous mettait plus bas que terre. C'était incompréhensible.* »

Les hommes du GPS qui assuraient sa protection rencontraient eux aussi les pires difficultés d'ordre relationnel. Ils étaient relevés tous les deux jours, alors qu'habituellement les personnalités et leurs gardes du corps finissent par nouer des relations plutôt étroites. « *La réussite sociale le fascinait*, se souvient un officier. *Il ne parlait qu'argent, belles voitures, villas et bateaux.* » Le colonel Mazères cachait plutôt son jeu ; avec ses visiteurs, c'était un homme agréable et sympathique. Mais, malgré ses yeux légèrement rieurs, son visage pouvait très vite se refermer, comme à double tour.

Henri Mazères ne s'est jamais vraiment senti installé en Corse. Il se croyait en permanence menacé. *« Vous savez, je suis sur un siège éjectable, ici »*, disait-il souvent. Pourtant, selon un haut responsable de la gendarmerie, aucune menace n'a jamais pesé sur lui. *« Sans doute voulait-il ainsi conjurer le sort »*, analyse un de ses anciens officiers. *« Peut-être voulait-il aussi que l'on constate à quel point sa mission était périlleuse »*, complète un autre gendarme.

La direction générale de la gendarmerie est plus prosaïque : Henri Mazères était obnubilé par son grade. Il souhaitait rentrer de Corse avec celui de général. Pour l'obtenir, il s'en était remis à Bernard Bonnet. La direction de son arme pesait moins que le préfet qui, lui, avait l'oreille des ministres. Lui seul pouvait récompenser le colonel pour services rendus. Ne pas lui déplaire, le séduire était donc devenu son premier souci : *« Au fil des mois, sa confiance en moi s'est accrue, même si, à tout moment, je redoutais des réactions parfois brutales du préfet »*, confesse-t-il.

Le préfet de Corse entend séduire Lionel Jospin en rétablissant au plus vite l'état de droit en Corse. Henri Mazères entend convaincre Bernard Bonnet, qui ne l'a pas choisi, qu'il est bien l'homme de la situation. Pour ce faire, il lui faut vivre au rythme effréné du préfet.

« J'attends avec impatience de me confronter avec Henri Mazères, plaidera son ancien adjoint, Bertrand Cavallier, après l'affaire de la paillote *Chez Francis. Je lui en veux d'avoir entraîné la gendarmerie et ses hommes dans un pareil coup tordu. Je l'avais prévenu des conséquences catastrophiques d'une telle opération si elle venait à rater. Je*

croyais l'avoir convaincu en m'y opposant. On a vu le résultat. »

Cette pression qu'il ressentait, le colonel Mazères la répercutait sur ses hommes : « *Jamais on ne m'avait parlé de cette façon*, se souvient le capitaine Norbert Ambrosse, patron du GPS. *Alors que je me trouvais un jour dans les bureaux de la légion de gendarmerie, il m'a pris à partie d'une façon peu amène :* "Dégagez de là !" *Je crois malgré tout qu'il nous aimait bien.* » De fait, Henri Mazères s'est beaucoup appuyé sur le GPS, cette unité jeune, pétrie de bonne volonté, dont les hommes ne comptaient jamais leurs heures. « *Nous étions toujours prêts à partir en mission*, reprend Norbert Ambrosse. *On aimait trop l'action.* » Le dépit ressenti après l'opération *Chez Francis* n'en a été que plus fort.

Brillant saint-cyrien, retenu pour diriger le GPS, Norbert Ambrosse porte encore des stigmates de ses blessures. Les paumes de ses mains sont rougies par la cicatrisation. Son visage, en revanche, ne témoigne plus de ses brûlures. Vêtu d'un jean et d'une chemise ouverte, le jeune capitaine, sitôt libéré, prend peu à peu conscience de l'incroyable aventure qu'il a vécue pendant ses dix mois passés en Corse. Farouchement épris des valeurs de la gendarmerie, il a découvert la complexité de la nature humaine, et fini par comprendre la manipulation dont son unité et lui ont été les victimes consentantes et un brin immatures.

Au soir de la pénible confrontation entre le lieutenant-colonel Cavallier et le préfet Bonnet, Norbert Ambrosse retrouve, le mercredi 23 juin 1999, dans un restaurant basque parisien, son ancien supérieur. Bertrand Cavallier avait soutenu sa candidature pour commander le GPS. L'heure est aux confessions entre militaires :

BERTRAND CAVALLIER : *Pourquoi avez-vous incendié* Chez Francis *alors que je vous avais donné l'ordre de ne rien commettre d'illégal ?*

NORBERT AMBROSSE : *Nous avions confiance en vous, mon colonel. Mais le colonel Mazères était le patron de la légion. Quand il nous a donné l'ordre pour cette opération, nous avons compris que nous ne pouvions pas reculer. Et puis, vous n'étiez pas là. Vous étiez en permission.*

BERTRAND CAVALLIER : *Mais l'ordre était illégal, je vous l'avais dit !*

NORBERT AMBROSSE : *Comprenez, mon colonel : pour nous, l'ordre venait de Mazères, qui le tenait de Bonnet et de Pardini. Pour nous, c'était une mission de raison d'État. Bonnet, c'était Matignon, l'Intérieur. À ce moment, nous pensions que Bonnet ne pouvait agir seul, sans ordres. On nous a trompés.*

Le colonel Mazères a entraîné l'unité dont il était structurellement le chef dans une conception exaltée de leur mission risquant de déboucher sur de graves dérapages. Le capitaine Ambrosse ne l'a découvert qu'après coup. En moins de trois mois, il a plus mûri qu'au cours de toutes ses années de service précédentes.

Éric Moulié, un homme brisé

En cet hiver 1992, sous le soleil quasi estival du sultanat d'Oman, le paddock s'amuse des facéties d'Éric Moulié, accompagnateur de l'équipe de gendarmes du GIGN, malicieusement numérotée 22 (« V'là les flics ! »). Pendant que ses compagnons crapahutent dans cette aventure physique épuisante faite de marches, de kayak de mer, voire de course à dos de chameau, Éric Moulié divertit la caravane. Café ou pastis ? Selon l'heure, « la Moule » est toujours prête à rendre service.

Ce « raid Gauloises », il le vit comme une expédition de gamin. Lors de la précédente édition, le GIGN avait renoncé à envoyer une équipe : l'aventure se déroulait en Nouvelle-Calédonie, terre d'épreuve pour les gendarmes. Et un cauchemar personnel, jamais cicatrisé, pour Éric Moulié. Le 22 avril 1988 à 7 h 45, son père, gendarme comme lui, est décédé dans d'horribles conditions, au cours de l'attaque d'un casernement à Ouvéa. Un commando d'indépendantistes du FLNKS a massacré trois gendarmes à coups de hache et de machette. L'adjudant-chef Georges Moulié devait succomber à ses blessures quelques heures après l'attaque.

Éric Moulié n'aime guère évoquer ce drame personnel. S'il ne l'oublie pas, il se veut tout à sa joie de vivre. Beau gosse, la quarantaine assurée, il fait rouler ses muscles sous le soleil d'Oman. Puis, sitôt revenu des émirats, l'adjudant-chef rejoint le groupe de formation du GSIGN. Ce groupement rassemble les unités d'élite de la gendarmerie en matière de protection et d'intervention, dont le GIGN et le GSPR (créé à l'époque pour assurer la sécurité du président de la République, François Mitterrand). Pour ses hommes, Moulié est un grand frère, celui vers qui on se tourne en cas de besoin. Il a vu passer des générations de gendarmes. Sous sa direction, ils ont appris la rigueur de l'intervention. Chaleureux, jovial, l'homme est aussi connu pour sa droiture. *« C'est un véritable séisme qui s'est produit sous les pieds de ses anciens compagnons quand ils ont découvert dans la presse l'implication de* "la Moule" *dans ce coup tordu.*

“Impensable”, “inimaginable” *: les mots manquaient à ses copains pour évoquer ce qu'ils ressentaient. »*

À Ajaccio aussi, Éric Moulié est un peu l'âme du GPS. *« L'âme, pas l'âme damnée : il ne faut pas confondre ! »* souligne un des hommes du GPS. Pour mener à bien la mission « Paillote », son supérieur hiérarchique, le capitaine Norbert Ambrosse, n'a pris que des hommes de confiance : ses trois chefs de groupe et le moins gradé, Éric Moulié. Moulié n'était pas d'accord sur l'opération, mais il y est allé, comme un grand frère. Il n'a cependant pas voulu prendre part à l'incendie. Tout juste a-t-il accepté de conduire les autres à Cala d'Orzu, puis de les raccompagner à la caserne.

Au bout de quelque six semaines de détention provisoire, lui, le moins gradé, le moins impliqué, sans doute aussi le plus mûr, a été le premier gendarme à être remis en liberté, le jeudi 3 juin, par le juge Patrice Cambérou. Ce gendarme endurci n'a rien lâché lors de sa garde à vue. Opposé à cette mission, il s'est néanmoins défendu bec et ongles. *« Jamais je n'aurais avoué sans un signe de la hiérarchie. Je suis comme ça »*, dira-t-il plus tard. Moulié reconnaît à demi-mots qu'il porte un fardeau : *« Je n'ai pas dit grand-chose à mon épouse. De toute manière, je ne donne jamais de détails. Je veux préciser que je n'étais pas d'accord pour changer de version.* [Les gendarmes abandonnent la version de la perte du poste émetteur quarante-huit heures avant l'incendie de la paillotte pour le tout aussi improbable récit d'une surveillance qui a mal tourné.] *Quand on prend une décision, on doit la respecter et aller jusqu'au bout. »*

Au lendemain de cette action tordue, accomplie dans la nuit du 19 au 20 avril, Moulié ronge son frein. Un gendarme, affecté au secrétariat du GPS, remarque son air très préoccupé : *« Le vendredi 23 avril, vers 18 h 15, j'ai rencontré l'adjudant-chef Moulié. Il était seul et assis dans la cour. »* Bien qu'il se défende de se confier, Moulié en a besoin : *«* "Il ne faut pas que tu parles, si cette affaire sort. C'est un remake du *Rainbow Warrior*. J'ai perdu trois kilos en trois jours", m'a-t-il dit. *Il semblait très inquiet. »* Un autre gendarme, un « vieux de la vieille », engagé depuis 1980, confirme le trouble de Moulié : *«* "Cela fait trois jours que je ne dors plus*, me confie l'adjudant-chef.* Je ne mange plus." *Le connaissant après dix-sept ans de GSIGN, sa réflexion m'a surpris. »*

Au bout de vingt ans de service dans la gendarmerie, aux abords de la retraite, la carrière de Moulié a pour lui un goût amer d'inachevé. Il l'a écrit depuis sa cellule à ses anciens frères d'arme du GIGN. Sa lettre, émouvante, était affichée dans la caserne du quartier Moncey, à Satory, près de Versailles. Les témoignages d'amitié n'ont pas manqué d'affluer vers le « grand frère ».

Le 25 juin 1999, lors de la cérémonie fêtant les vingt-cinq ans du GIGN, Éric Moulié, vêtu d'un simple jean et d'une chemisette saumon, affiche un large sourire de façade. Il est en fait très abattu : *« Mon père est mort à Ouvéa ; moi, en Corse »*, confie-t-il. Il en veut à la hiérarchie de la gendarmerie de les avoir laissés tomber. Selon lui, elle s'est comportée comme dans l'histoire des trois petits singes chinois : l'un ne veut pas voir et ferme les yeux, le deuxième ne veut rien entendre et se bouche les oreilles, le troisième ne veut rien dire et met les mains devant sa bouche...

Le 18 mai, devant le juge Cambérou, Éric Moulié vide son sac : *« J'avais demandé à être muté en Corse, bien qu'ayant déjà le nombre d'annuités suffisant pour partir à la retraite. Je voulais trouver le soleil et une qualité de vie différente de celle que j'avais connue pendant quinze ans au GIGN. Au lieu de ça, aujourd'hui, je me retrouve à la prison de la Santé ! Ma carrière se trouve brisée pour une mission avec laquelle je n'étais pas d'accord. Ma carrière est brisée par les ordres d'un officier de gendarmerie, d'un haut représentant de l'État, alors que j'aspirais à couler des jours heureux et paisibles en Corse. »*

Bien qu'un peu aigri de ne jamais être associé aux missions de cette unité *« privilégiée dans la notation »*, le cuistot du GPS a une idée précise des gendarmes placés sous les verrous : *« Le capitaine Ambrosse est un soldat toujours prêt à partir pour une opération. Le lieutenant Tavernier est discret et dévoué au capitaine. Le lieutenant Pessé est droit et froid ; il faisait bien son boulot, il a une bonne réputation. Le lieutenant Dumont semblait manquer de personnalité ; il obéissait aux ordres ; il a pris l'initiative de créer une caisse de solidarité pour les épouses des personnes arrêtées. L'adjudant-chef Moulié a une bonne réputation. »*

Qu'on ait pu les considérer comme des « soldats perdus » les révolte. Ils ont agi sur ordre, au nom, croyaient-ils, de la raison d'État. Il leur était donc impossible de s'opposer à cet ordre illégal. *« Cette mission,* selon Éric Moulié, *émanait de la préfecture, donc de l'État. J'aurais donc dû en référer au président de la République. Est-ce que vous me voyez en train de prendre le téléphone pour appeler la direction générale de la gendarmerie et dire :* "Il y a un projet de destruction de paillotes, de manière illégale, dirigé par le préfet Bonnet et le colonel commandant la Légion" ? *On m'aurait répondu avec ironie de prendre des vacances. C'était une chose infaisable. »*

Si les gendarmes du GPS sont aujourd'hui aussi meurtris, c'est qu'ils sont convaincus de n'avoir jamais été soutenus par leur hiérarchie. Éric Moulié se souvient : *« Quand je suis arrivé en Corse, en septembre 1998, je souhaitais qu'il y ait une période de formation de quatre mois. Mais on ne m'a pas pris au sérieux. Tous les jours, le colonel Mazères me demandait si nous étions opérationnels. Et moi, je lui faisais répondre par le capitaine Ambrosse que nous ne pouvions démarrer des missions aussi délicates. Pas de formation, pas de matériel : c'était impossible ! »*

Ainsi, ces gendarmes qui devaient interpeller des criminels dangereux et armés ne disposaient pas de casque pare-balles ! Or, selon Éric Moulié, ancien du GIGN, *« il est démontré qu'inconsciemment ou non, les tirs sont principalement dirigés vers la tête. C'était donc une urgence absolue, compte tenu du contexte local et des armes que l'on trouve en Corse »*. Toujours est-il que, sept mois plus tard, les interpellations se faisaient encore avec des casques de maintien de l'ordre, c'est-à-dire destinés à parer aux projections de pierres. *« Le colonel Mazères ne voulait pas débloquer de budget sur celui de la légion pour équiper le GPS,* se souvient un officier. *Il voulait d'abord des résultats. Il nous comparait sans cesse avec la police, notamment la DNAT. »*

Tout était contradictoire dans le fonctionnement du GPS qui fait aujourd'hui l'objet d'une commission d'enquête parlementaire. *« Le colonel Mazères passait son temps à me dire :* "Surtout, pas de conneries !" » raconte Norbert Ambrosse. Mais, s'empresse de compléter Éric Moulié, *« il nous engageait dans des missions dont le cadre juridique n'était pas clair. »* Ainsi, raconte cet ancien gendarme d'élite, *« il souhaitait que nous tendions des embuscades. Une embuscade est une opération militaire visant à neutra-*

liser, voire tuer l'adversaire. On devait attendre qu'ils tirent sur les brigades de gendarmerie et riposter en légitime défense. Mais la légitime défense implique la surprise ; or, là, nous devions attendre nos agresseurs... »

La grogne ne cessait de croître au sein du GPS. Les hommes se sentaient méprisés par les autres gendarmes, ceux de « la blanche » (les gendarmes départementaux, qui font partie des brigades territoriales, arborent des galons de couleur argent ; les gendarmes mobiles, eux, ont des galons de couleur or ; il existe une certaine rivalité entre les deux catégories). *« Je crois que nous étions plus haïs par notre propre troupe que par la population*, précise Éric Moulié. *On nous traitait de cow-boys. Selon eux, nous n'avions rien dans la tête. »*

Les gendarmes du GPS : des personnalités contrastées

C'est sans doute le fait que le colonel Mazères ait exigé de voir ses gendarmes du GPS procéder à des contrôles routiers qui a déclenché les « hostilités » : *« Nous n'avions aucun moyen de dresser des procès-verbaux*, raconte Moulié, *puisque nous n'étions pas officiers de police judiciaire. À ce moment-là, il y a eu une réunion syndicale des gendarmes. Il a été convenu d'attendre un mois, puis de présenter directement à la direction générale de la gendarmerie soixante demandes de mutation, en précisant nos raisons. Toutes nos propositions étaient rejetées par le colonel Mazères. »*

Non seulement ces gendarmes, que l'on présentait comme des éléments d'élite, n'étaient pas appréciés de leurs collègues, mais ils se sentaient brimés. Éric Moulié, qui a procédé avec ses compagnons du GIGN à des dizaines d'interventions, se souvient ainsi de *« l'interpellation en plein jour d'une personne très dangereuse et armée. Elle circulait en voiture, accompagnée d'une personne évadée. J'avais monté l'opération de façon à éviter tout risque d'ouverture de feu de part et d'autre. Pour cela, j'avais mis au point une légère percussion de leur voiture et un assaut rapide, par surprise. Tout s'est passé normalement, comme prévu. Malgré cela, on m'a demandé des rapports concernant* "cette folie" *et... la détérioration de matériel ! »*

En dépit de leurs récriminations portant sur le manque de moyens, les hommes du GPS sont encore convaincus d'avoir vécu une aventure extraordinaire. Depuis la maison d'arrêt de Fresnes, Norbert Ambrosse écrit le 10 mai 1999 à ses anciens subordonnés : *« Le GPS est donc dissous. Soit ! Je ne crois pas qu'après les événements que vous savez, le gouvernement ait eu d'autre choix. Il n'en reste pas moins que, malgré les déblatérations stupides et mensongères de la presse sur notre belle unité, en quelques mois vous aviez atteint un niveau opérationnel inespéré et obtenu des résultats plus que significatifs. »*

Né dans l'esprit du lieutenant-colonel Cavallier dès son arrivée en Corse, le GPS ne pouvait fonctionner sans se plier à une très grande rigueur. Comme souvent, les moyens exceptionnels conduisent aux plus grands errements. Le GPS était dirigé par un chef jeune et malléable. Cette unité était trop directement rattachée à un homme seul, le colonel Mazères. Les gendarmes du GPS étaient devenus les siens. Ceux qu'il pouvait employer sans trop de réticences dans les missions qu'il souhaitait voir accomplir. En ce sens, le groupement de peloton de sécurité était devenu le bras armé du seul patron de la gendarmerie en Corse.

Le colonel Mazères avait mis en place un fonctionnement ultra-cloisonné de la légion. Les réunions d'état-major avaient été supprimées. Tout passait par lui. Chaque homme sous ses ordres n'avait qu'un interlocuteur : lui. *« Il utilisait les gendarmes comme il l'aurait fait d'un ordinateur*, analyse un des subordonnés[1]. *Pour un problème judiciaire, il cliquait avec sa souris sur "section des recherches" ; pour une mission de surveillance, il ouvrait le dossier* "GPS". *Mais il n'y avait aucune liaison entre les deux. Alors que le dispositif avait été mis en place pour être complémentaire. Résultat : la section des recherches ne faisait aucune confiance au GPS. Et l'inverse était aussi vrai. Mazères avait mis au goût corse le célèbre dicton : diviser pour régner. »*

Sans doute le plus affecté de tous, Lionel Dumont n'a pas de mots assez durs pour définir la personnalité du colonel Mazères : *« Il se permettait d'être tantôt familier, tantôt de nous foudroyer en quelques mots. Il lui fallait du résultat à tout prix, et pratiquement par n'importe quel moyen. C'était le cas notamment du GPS. Il fallait souvent tenter de freiner ses ardeurs. Il nous aurait poussés à remplir des missions qui n'étaient pas pourvues d'un support juridique. »*

Lionel Dumont a très mal vécu l'incarcération de ses collègues. À la veille de se dénoncer comme ayant participé à l'opération contre la paillote *Chez Francis*, il réunit quelques-uns des gendarmes de son peloton Observation : *« Après avoir fermé la porte, il nous a dit au revoir*, témoigne l'un d'eux. *Il nous a demandé d'avoir confiance*

1. Entretien de Bertrand Cavallier avec l'auteur.

en la gendarmerie et en nos officiers, de ne pas avoir à rougir de notre action depuis dix mois. Et il est parti. » Un de ses hommes, sans doute plus impressionné par la détresse affichée de son lieutenant, l'a suivi ; dans la cave de l'immeuble où il était caserné, il est intervenu à temps pour éviter un drame. Lionel Dumont venait de pointer son arme sur sa tempe.

Les trois lieutenants qui commandaient chacun un peloton du GPS avaient des personnalités bien différentes.

Franck Pessé est un militaire dans toute la rigueur du mot. La pression du pouvoir, il connaît. Pendant de nombreuses années, il a fait partie des gendarmes en charge de la sécurité rapprochée du président François Mitterrand au sein du GSPR. Lors de la création du GPS, le lieutenant-colonel Cavallier a appuyé sa candidature pour qu'il prenne, en spécialiste, le commandement du peloton Protection du GPS en Corse.

« Pessé est un homme qui a les pieds sur terre, précise Bertrand Cavallier. *Je n'ai pas compris qu'il se trouve embarqué dans cette affaire de paillote. »* À deux reprises, il avait mis un « feu rouge » à des opérations dirigées contre l'*Aria Marina* et *Chez Francis.* À chaque fois, il avait prétexté la présence de personnes près des paillotes pour annuler les opérations prévues. Et son autorité avait fait le reste. *« Quand Pessé a dit* "rouge" *: impossible ! Je n'ai pas cherché à en savoir plus »*, raconte son supérieur hiérarchique, le capitaine Norbert Ambrosse.

Denis Tavernier, qui commandait le peloton Intervention, n'a pas le charisme de Pessé. Il s'en remet beaucoup à son adjoint, Éric Moulié. C'est un autodidacte. Entré en 1983 dans la gendarmerie à l'âge de 19 ans comme gendarme auxiliaire, il reprend ses études qu'il mène parallèlement à sa carrière. En 1992, il obtient une capacité en droit (ce diplôme est réservé aux personnes qui n'ont pas le baccalauréat). Puis, muté à Bordeaux, il passe une licence en droit public. En 1995, il obtient une maîtrise.

La formation proprement militaire du lieutenant Denis Tavernier est plus physique. « Une tête bien faite dans un corps sain » : telle pourrait être sa devise. Il obtient ainsi les monitorats de sport militaire et d'équipe légère d'intervention. C'est donc tout naturellement qu'il prend en charge le peloton Intervention au sein du GPS. *« Je le croyais spécialiste de la chose incendiaire,* se souvient son supérieur, Norbert Ambrosse. *Je me suis trompé. On a fait n'importe quoi : cinquante litres d'essence pour brûler une paillote en bois, il fallait être fou ! »* Aujourd'hui encore, Denis Tavernier s'en veut. C'est lui qui a égaré son poste radio Corail, dénonçant ainsi le GPS. Il a également oublié de ramasser sur place la cagoule de Norbert Ambrosse, brûlé aux mains et autour des yeux.

Le GPS n'avait donc rien de ce groupe de gendarmes d'élite spécialisés dans les coups tordus tel qu'on a pu le présenter un moment. Ces gendarmes étaient venus en Corse pour rétablir l'état de droit. *« J'ai le sentiment d'avoir foulé aux pieds l'idéal que j'étais venu défendre,* plaide Norbert Ambrosse. *Je voulais rétablir l'état de droit. Et je l'ai condamné en incendiant quatre planches de bois sur une plage. »*

À son corps défendant, le GPS est devenu aussi célèbre que les plus anciennes unités de la gendarmerie. Une commission d'enquête parlementaire se préoccupe de ses activités durant ses dix mois d'existence. Le GPS a-t-il mené une enquête parallèle sur l'assassinat de Claude Érignac ? Certains témoignages le laissent penser. Ses chefs s'en défendent. Certes, les sollicitations en ce sens ont été nombreuses, notamment de la part du colonel Mazères, mais ils ne leur ont pas vraiment donné suite.

Pourtant, un gendarme du peloton Observation émet des doutes sur les missions qu'il a été conduit à effectuer : *« Rapidement, il nous a été confié des missions qui ne semblaient pas correspondre à notre éthique. Il s'agissait de surveiller une personne sans qu'aucun contact n'existe avec une unité saisie de fait. Dans ces cas, nous disposions d'une photo, d'un nom et d'une adresse. Le motif n'était pas indiqué. Je m'en étais plaint auprès du lieutenant Dumont qui m'avait dit que c'était un ordre du colonel Mazères. Point final. »*

Le lieutenant Lionel Dumont renvoyait régulièrement ses hommes à la note de création du GPS. Celle-ci prévoyait la possibilité de procéder à la collecte de renseignements administratifs, à la manière des Renseignements généraux. Donc, sans que la Justice en soit informée. *« J'ai été "blousé" plusieurs fois*, reprend ce gendarme. *On m'a fait croire que le support juridique me serait communiqué en fin de mission. Et, à la fin, on me disait qu'il n'y en avait pas. J'ai refusé des missions pour ce motif. »*

Qui donc était l'objet d'une telle attention du GPS ? *« J'ai en souvenir la surveillance d'un dénommé Ferrandi qui, à l'origine, faisait l'objet d'une enquête de la section des recherches d'Ajaccio. Quand la SR a été dessaisie* [elle enquêtait sur l'attentat perpétré contre la gendarmerie de Pietrosella], *on voulait que ce soit nous qui continuions les surveillances. »* De fait, seules celles conduites par la section des recherches entre le 12 et le 24 novembre 1998 figurent dans la procédure transmise par les gendarmes à la DNAT.

Outre le cas d'Alain Ferrandi, patron du commando qui est présumé avoir assassiné le préfet Claude Érignac, les gendarmes portaient un intérêt constant à un dénommé Istria, demeurant au col Saint-Georges. On l'a vu, jusque dans la nuit où la paillote fut incendiée, le GPS « filait » ce restaurateur et son frère, ainsi qu'en témoignent plusieurs dépositions de gendarmes. Mais l'Istria surveillé n'était pas le bon : celui qui a été interpellé et écroué dans le cadre de l'enquête sur l'assassinat de Claude Érignac ne demeurait pas au col Saint-Georges, mais chez sa mère, à plusieurs dizaines de kilomètres de là. Cette fois, les renseignements du colonel Mazères n'étaient pas les bons. Les gendarmes – comme, un moment, les policiers – s'étaient égarés dans les homonymies corses...

Chapitre 11

Chirac, Jospin et Chevènement

« On n'a pas vu venir le coup. » Plus d'un mois après les révélations sur l'affaire de la paillote, les conseillers de Lionel Jospin sont encore abasourdis. *« Comment une affaire comme celle-là peut-elle nous arriver ? »* s'interrogent, incrédules, les membres du cabinet. Rien n'est limpide dans ces premières heures. Le cabinet du ministre de la Défense, Alain Richard, plonge en eaux profondes. Tout juste alerte-t-il tardivement, le vendredi 23 avril 1999, Olivier Schrameck, qu'une affaire pas claire vient de se produire avec les gendarmes en Corse.

« La responsabilité de l'ordre public est du ressort du ministère de l'Intérieur », dit-on à la Défense. Une façon assez inélégante de botter en touche. Officiellement du moins, Alain Richard, par son silence, entend protéger la gendarmerie, ses 97 000 militaires dont 2 900 officiers. En Corse, ce silence n'est pas apprécié. *« Il fallait défendre les gendarmes mis en cause, expliquer qu'ils avaient agi sur ordre. C'est le plus bel exemple d'absence de gestion d'une crise que l'on ait jamais vécu »*, disent les officiers, encore amers. *« Une institution comme la gendarmerie ne se traite pas à coups de décharges élec-*

triques, se défend-on dans l'entourage d'Alain Richard. *Elle nourrit un sentiment de psychose face à la police, qui lui apparaît beaucoup mieux protégée qu'elle quand elle commet des erreurs.* »

C'est en fait de la Chancellerie que viennent les premières informations fiables. Christian Vigouroux, directeur de cabinet d'Élisabeth Guigou, est en liaison constante avec Clotilde Valter, en charge des affaires de sécurité à Matignon. En revanche, silence radio du côté du ministère de l'Intérieur. La rivalité des cabinets atteint son paroxysme. Le lundi 26 avril, lors de la traditionnelle réunion des directeurs de cabinet à Matignon autour d'Olivier Schrameck, l'incrédulité le dispute encore à la stupeur. Cependant, quelques hauts fonctionnaires ne manquent pas de tirer la sonnette d'alarme : le colonel Henri Mazères vient d'être placé en garde à vue. L'affaire pourrait se répandre très vite et déborder le gouvernement.

Les accidents n'arriveraient donc pas qu'aux autres... L'entourage de Lionel Jospin ne pouvait même pas envisager qu'une pareille affaire puisse le toucher. Il lui est strictement impossible de comprendre et d'admettre cette « raison d'État » évoquée parfois par les auteurs des incendies de restaurants de plage. Les conseillers du Premier ministre se sont parfois montrés circonspects devant les réactions de ce dernier. Aux dires de Jean-Marc Ayrault, président du groupe socialiste à l'Assemblée, cette fois, *« Jospin était sur le cul. »*

Saisi, le Premier ministre ne réagit qu'à contretemps. Il éprouve le sentiment désagréable de ne pas maîtriser le dossier, d'être à la remorque de l'information. Mais, le mardi 27 avril, devant les députés, il va se défendre avec véhémence.

Pendant toute cette première semaine, Matignon guette les coups et cherche à les amortir. Ils ne vont pas manquer. « Cabinet noir », « raison d'État », « responsabilité politique » : l'opposition fait feu de tout bois sous le regard attentif de l'Élysée. Jacques Chirac n'entend pas jeter de l'huile sur le feu. Il attend. Si Jospin chute, il n'aura qu'à capitaliser. Il se souvient aussi de cette note de son conseiller pour les affaires de justice, Jean-Claude Antonetti, qui envisageait plusieurs semaines auparavant un sérieux problème en Corse, en raison de la lutte acharnée entre gendarmerie et police.

Mais le Président, qui connaît sa France – électorale notamment – sur le bout des doigts, s'est toujours méfié de la Corse. Il la connaît mal et ne la comprend pas bien. L'île a beau être un bastion de la droite qui a massivement voté pour lui à l'élection présidentielle, la prudence l'incite à se tenir au-dessus de la mêlée. En restant à l'écart, il est dans son rôle institutionnel.

Jacques Chirac craint également un effet boomerang. Les errements de la politique menée par Jean-Louis Debré ne manqueraient pas d'être évoqués par les socialistes. L'ancien ministre de l'Intérieur a d'ailleurs dû plaider pendant plus d'une heure devant le groupe des députés RPR, qu'il préside, pour les convaincre qu'il n'y avait rien à craindre. À l'en croire, il n'avait aucune raison d'être rattrapé par les affaires corses. Pas même par cette surréaliste conférence de presse de six cents « cagoulés » du FLNC-Historique, le 11 janvier 1996, dans le maquis de Tralonca, près de Corte, couverte par l'Intérieur.

Alors que l'Élysée se fige en se contentant d'« attendre et voir », Matignon mène l'enquête. Aux conseillers du Premier ministre est posée la question de confiance : y a-t-il eu du laisser-aller dans les services ? La réponse vient rapidement. Le cabinet fait bloc autour de Lionel Jospin. Il n'y a rien à se reprocher. Pourtant, l'interpellation de Bernard Bonnet fait se lever un vent de panique dans la journée du lundi 3 mai. Réunion de crise immédiate. Puis réunion avec les ministres concernés, Jean-Pierre Chevènement, Élisabeth Guigou et Alain Richard. Toutes les hypothèses sont envisagées. Mais la ligne reste identique : « laisser la justice suivre son cours ». Les députés socialistes se montrent parfois surpris de ce qu'ils considèrent comme une absence de gestion de l'affaire. *« Nous suivons le rythme de la Justice, c'est bien*, résume un dirigeant du PS. *Mais nous sommes derrière elle... »*

Dès le mardi 4 mai, Lionel Jospin retourne cependant l'opinion en sa faveur. Ce jour-là, à l'Assemblée nationale, il s'emporte. *« Il a surréagi »*, concède un de ses conseillers. Avant d'ajouter : *« C'est peut-être ce qui l'a protégé. Les Français ont vu dans cette maladresse une forme de sincérité. »* Le soir même, sur *TF1*, le Premier ministre s'est transformé. Au rancart, l'arrogance de l'après-midi. Il se déclare *« blessé »*. Une blessure politique, pas une blessure personnelle.

Avec cette intervention sur *TF1*, tout a changé. Lionel Jospin apparaît soulagé. Il va pouvoir continuer à faire de la politique et gérer la première crise personnelle qu'il connaisse depuis son arrivée à Matignon. Il apporte un soutien massif, total, à son directeur de cabinet, Olivier Schrameck. Et ce dernier ne manque pas de rassurer à son tour Clotilde Valter : ils se connaissent depuis de nombreuses années.

L'heure est à la défense. *« Non, Bernard Bonnet n'était pas apparu sous le jour d'un manipulateur*, dit-on dans l'entourage du Premier ministre. *Quand il rendait compte de son action, il apparaissait comme un serviteur de l'État et de l'état de droit. »* Quand Bernard Bonnet se plaignait du cabinet de Jean-Pierre Chevènement, et jamais du ministre lui-même, il trouvait une oreille attentive, voire compatissante, notamment auprès de Clotilde Valter. Premier désigné à la méfiance de Matignon : Patrice Bergougnoux, directeur de cabinet adjoint, suspecté de tous les maux. Cet ancien policier, devenu préfet sous Pierre Joxe, est jugé corporatiste. Il est supposé faire trop de concessions aux anciens collaborateurs de Charles Pasqua. Il serait très proche des *« réseaux flics, pas vraiment blanc bleu et qui raisonnent toujours en termes de carrière »*, disent les malveillants.

En somme, Patrice Bergougnoux est trop policier dans l'âme. Il présente surtout le défaut d'avoir été longtemps chaperonné par Pierre Joxe. Et les relations entre Jospin et Joxe ne sont pas au beau fixe. Elles sont depuis longtemps empreintes de méfiance. À ceux qui conseillaient à Lionel Jospin de faire une exception pour cet ancien de la Mitterrandie et de le nommer à l'Intérieur, Lionel Jospin avait, lors de la formation de son gouvernement, opposé un veto définitif.

Matignon supporte donc mal ce préfet trop présent dans les dossiers de police, trop impliqué dans le suivi des affaires. De fait, Patrice Bergougnoux gère en direct l'enquête sur l'assassinat du préfet Claude Érignac. Il connaît les noms des suspects bien avant leur interpellation. Auprès de lui, Roger Marion, puissant patron de la division antiterroriste (DNAT), trouve toujours porte ouverte. Lionel Jospin, lui, a horreur du mélange des genres. Ainsi, il ne comprend pas que le juge Jean-Louis Bruguière défère à une invitation de Patrice Bergougnoux pour une rencontre au sommet avec le préfet Bonnet, alors que Christian Vigouroux, directeur du cabinet d'Élisabeth Guigou, n'a pas reçu le magistrat place Vendôme...

Les policiers ne sont pas en reste quand il s'agit d'évoquer les relations avec Matignon. *« Qu'on nous laisse travailler ! »* clament les responsables place Beauvau. À l'arrivée de Jean-Pierre Chevènement, certains ont craint une chasse aux sorcières. Elle n'a pas eu lieu. Seuls les patrons de police qui avaient cru en une gestion politique des affaires politico-financières ont été remplacés. Mais l'omniprésence de Clotilde Valter agace au plus haut point au ministère de l'Intérieur. On lui reproche une vision doctrinaire de la police, au détriment d'une certaine efficacité. *« La police n'est peut-être pas de gauche, mais elle résout les dossiers »*, notent, place Beauvau, quelques hauts fonctionnaires.

Jospin-Chevènement : une complicité politique

Mais *« ces histoires de cabinet »*, comme il les appelle, n'intéressent apparemment pas le Premier ministre. *« Avec Jean-Pierre, il n'y a aucun problème »*, conclut-il en privé. Entre les deux hommes règne comme une fraternité d'armes. Tous deux se sont opposés depuis 1971. Tous deux ont connu une traversée du désert. Tous deux ont eu maille à partir avec François Mitterrand. Puis ils se sont rapprochés au début des années 90. *« La grandiloquence de Jean-Pierre Chevènement a le don certain d'énerver Lionel Jospin,* dit un des proches du Premier ministre. *Mais il lui pardonne beaucoup. »* Entre les deux hommes, il existe désormais une véritable complicité politique. Jospin a permis à Chevènement de retrouver une place de choix sur la scène politique en le nommant à l'Intérieur. Chevènement a donné toute sa consistance à la notion de gauche plurielle. Il a accepté une liste unique aux européennes. Et, cette fois, il a renoncé à claquer la porte du gouvernement, malgré un désaccord silencieux et assourdissant, pendant la guerre au Kosovo. Entre les deux hommes, un pacte a été conclu en 1997 pour durer jusqu'à la présidentielle.

Par-dessus tout, dans le dossier corse, Jean-Pierre Chevènement, qui a toujours pris soin de ne pas heurter le cabinet de Lionel Jospin tout en défendant avec pugnacité le sien, lui a apporté la meilleure des parades aux attaques de la droite. L'arrestation des assassins présumés de Claude Érignac a permis de siffler la fin de la partie sur un score sans appel en faveur du Premier ministre. Il n'est pas question aujourd'hui que les deux hommes ouvrent une brèche entre eux deux. Quel que soit le contenu du dossier.

La libération du préfet Bonnet, le vendredi 2 juillet, deux mois moins un jour après son arrestation, en est une nouvelle preuve. L'avenir judiciaire de Bernard Bonnet semblait bien plus sombre. Les pythies judiciaires prédisaient un été « à l'ombre » pour l'ancien préfet de Corse. Jean-Pierre Chevènement et Lionel Jospin se sont retrouvés pour ne pas accabler davantage, par leurs propos, ce serviteur de l'État qu'avait été Bernard Bonnet. Jusqu'à ce qu'il dérape. Les magistrats ajacciens ont-ils eu alors la sensation de voir faiblir le soutien dont ils croyaient bénéficier du côté de la Chancellerie ? Toujours est-il qu'ils ont préféré remettre en liberté l'ancien préfet de région. Fin de partie !

Mais c'était sans compter avec la personnalité de Bernard Bonnet. Comme Bernard Tapie en d'autres temps, au moment de l'affaire OM-Valenciennes, il a inscrit sa démarche dans une défense plus médiatique que judiciaire. L'expérience aurait pourtant dû l'inciter à plus de prudence. Cette stratégie des coups de gueule dans la presse et des révélations annoncées a conduit Tapie derrière les barreaux. Me Georges Kiejman a pourtant bien tenté de « recadrer » sans cesse l'ancien préfet de Corse, de lui expliquer que c'est dans le bureau du juge que se construit un dossier, et non dans les colonnes des journaux. En vain : Bernard Bonnet croit trouver son salut ailleurs que dans les prétoires.

Pris au piège de l'instruction et des aveux de ses anciens collaborateurs, il a tenté de faire dévier le tir dans quatre directions : la Justice, la Gendarmerie, la Police et Matignon. Élisabeth Guigou est soupçonnée par le préfet d'avoir bafoué la présomption d'innocence. La direction de la gendarmerie aurait couvert le colonel Mazères. Pourtant, on l'a vu, aucune zone d'ombre ne semble subsister dans le voyage du colonel Mazères à Paris, quelques jours avant son interpellation. Enfin, la fuite d'Yvan Colonna aurait pu être évitée avec une meilleure collaboration entre services de police. Mais Bernard Bonnet lui-même, dans ses notes transmises au procureur de la République de Paris et publiées par *Le Monde*, n'avait pas attiré l'attention sur le tueur présumé de Claude Érignac. Au contraire, il désignait à tort son frère Stéphane.

Avec les pseudo révélations annoncées par l'ancien préfet de Corse, qui se sont révélées autant de fétus de paille, le ministre de l'Intérieur a bien été contraint d'ouvrir les yeux sur la personnalité étrange de Bernard Bonnet : *« Il a le droit légitime de se défendre, mais pas en procédant à des attaques infondées. Il ne peut pas oublier qu'il reste préfet de la République et qu'il ne peut pas se livrer à des polémiques inacceptables. »*

Au lendemain de son élargissement, Bernard Bonnet prend la plume. Il entend guider l'enquête du juge Patrice Cambérou vers Matignon. Que dit l'ancien préfet dans son courrier daté du samedi 3 juillet et télécopié le mardi 6 – de façon inexplicable – au cabinet du juge Gérard Pons, du tribunal des affaires sociales, situé hors du palais de justice d'Ajaccio ? Selon lui, Clotilde Valter, conseiller du Premier ministre, aurait noté dans un de ses cahiers personnels la teneur de l'entretien qu'elle a eu le 27 avril 1999 avec lui, en compagnie du préfet Alain Christnacht, chargé des affaires de sécurité intérieure.

Or, ce rendez-vous n'avait rien de secret. En effet, Bernard Bonnet avait été convoqué à Paris par Jean-Pierre Chevènement. D'autre part, à son retour en Corse, le préfet avait confirmé qu'il n'était en rien informé de l'action menée par les gendarmes du GPS contre la paillotte située sur la plage de Cala d'Orzu, à Coti-Chiavari. Mais, fidèle à sa stratégie, Bernard Bonnet invite le juge à consulter *« ce document »* (les carnets personnels de Clotilde Valter). Celui-ci *« serait de nature à participer à l'instruction à décharge à laquelle vous m'avez affirmé être aussi attaché »*.

Toujours selon Bernard Bonnet, le juge pourrait ainsi obtenir confirmation qu'avant d'être interpellé, il avait indiqué aux conseillers du Premier ministre qu'il n'était informé de rien sur cet incendie de paillote.

Ce rebondissement – ou épiphénomène ? –, qui en appelle d'autres, ne fait que conforter les services du Premier ministre, lesquels voient dans l'attitude de l'ancien préfet de Corse la manifestation d'une « grosse fatigue ». Me Georges Kiejman, qui a souvent avoué en privé éprouver les pires difficultés à comprendre l'attitude de son client, jette l'éponge. Le jeudi 1er juillet, il avait subi un dernier affront. Alors qu'il s'était rendu à la maison d'arrêt de la Santé, à Paris, pour voir son client à la veille de sa sortie, Bernard Bonnet avait préféré rester dans sa cellule. Le lendemain, Me Kiejman fut étrangement absent à la porte de la prison quand l'ex-préfet de Corse recouvra la liberté. En fait, il venait de renoncer à la défense de Bernard Bonnet au profit d'un autre ténor du barreau, Me Francis Szpiner, qui, ces dernières années, s'est fait une spécialité des dossiers politiques. Cet avocat de renom, défenseur d'Alain Juppé dans le dossier des emplois fictifs du RPR, est un ami personnel de Dominique de Villepin, secrétaire général de l'Élysée. Un signe ?

« Les juges sont intelligents, sereins, et n'ont aucune intention de se laisser manipuler, fût-ce par Bernard Bonnet. » La réaction à la lettre faxée au juge Patrice Cambérou par l'ancien préfet de Corse est tombée telle un couperet. Les magistrats en Corse n'ont aucunement l'intention de voir « polluer » leur dossier par des révé-

lations tardives. Tout juste imaginent-ils une nouvelle manipulation en vue d'obtenir le dépaysement du dossier sur le continent. Un signe de défiance que les magistrats ne comprendraient pas. Selon eux, depuis le retour à une politique de rétablissement de l'état de droit en Corse, la justice doit s'exercer et s'exerce déjà dans l'île comme ailleurs.

Depuis la découverte de l'incendie de la paillote *Chez Francis* dans la nuit du 19 au 20 avril, Bernard Bonnet a multiplié les effets d'annonce. D'un sobre *« Je ne commente pas les faits divers »* à *« L'affaire commence »* en passant par une promesse de *« sport national »*, l'ancien préfet a mis au point une stratégie de défense en marge. Le plus souvent, il ne répond pas directement aux questions du juge Cambérou. Toujours, il instille ses propres réflexions. Lors de sa confrontation avec ses principaux accusateurs, son ancien directeur de cabinet Gérard Pardini et le colonel de gendarmerie Henri Mazères, le 28 juin dernier, le juge s'est une nouvelle fois étonné de l'attitude du préfet : *« Pouvez-vous m'expliquer à nouveau ce sophisme et m'expliquer la différence entre dire des choses inexactes et mentir ? » « J'ai voulu vous épargner ce jugement de valeur*, a répondu Bernard Bonnet. *Pour répondre à l'avenir à ce type d'interrogation, je dirai : mentir. »*

Bernard Bonnet a aujourd'hui choisi de faire feu de tout bois. Les juges antiterroristes et Matignon sont les cibles d'une défense qui esquive le problème essentiel : les responsabilités des uns et des autres dans l'incendie d'un restaurant de plage. Gérard Pardini n'a pas caché sa stupeur lors de sa confrontation avec Bernard Bonnet, le 28 juin 1999, quand le préfet a refusé catégoriquement de reconnaître sa participation à cette opération « Pieds nickelés ». *« J'entends cela avec une immense tristesse »*, a alors lâché Pardini.

Chirac-Jospin : une responsabilité partagée

Lionel Jospin comme Jean-Pierre Chevènement savent que le printemps ne dure que le temps du retour des hirondelles. Et que le coup de tabac de l'interpellation d'un préfet de région risquait de se transformer en cyclone dévastateur. D'autant plus que Jacques Chirac n'a pas tardé à se manifester. Lionel Jospin n'a qu'une confiance mesurée dans le président de la République qui, selon lui, jouerait volontiers double jeu. Lénifiant dans leurs tête-à-tête, il laisse les députés de l'opposition le harceler à l'Assemblée. Jamais Jospin ne baisse la garde face à Chirac. Et moins encore lorsque le Président apparaît patelin ou affaibli. À peine Matignon peut-il s'enorgueillir du succès de la police dans l'affaire Érignac, à peine l'Élysée mesure-t-il l'impact positif du meeting unitaire des socialistes européens, le 27 mai à Paris, que le Président improvise une intervention télévisée sur la situation du Kosovo. Ainsi va la cohabitation, marquage perpétuel où il faut exister ou s'effacer. Lors d'une réunion des personnes en charge de la communication à l'Élysée, Claude Chirac a avoué sa surprise de voir l'image de Lionel Jospin dans l'opinion si peu entamée par l'affaire des paillotes.

Le 26 mai, en Conseil des ministres, Lionel Jospin assiste à la concrétisation de ses craintes. Jamais, depuis deux ans, l'atmosphère n'a été aussi lourde en Conseil.

Jacques Chirac souhaite s'exprimer après l'interpellation des assassins d'Érignac. Selon le Président, il faut que *« soient tirées toutes les conséquences des graves dysfonctionnements de l'État, en tenant compte des aspirations de la grande majorité de nos compatriotes corses »*. Lionel Jospin n'est jamais aussi raide que lorsqu'il est cueilli à froid. Dans leur tête-à-tête hebdomadaire, quelques minutes plus tôt, le Premier ministre avait fait comprendre au chef de l'État qu'il n'accepterait pas qu'une fois encore soient évoqués ces « dysfonctionnements » sur lesquels il s'était déjà expliqué. La réponse en Conseil fut donc sèche : *« Il y a eu dysfonctionnement, mais il n'a pas été prouvé, il n'a pas été couvert. Il a été sanctionné et corrigé. C'est un élément que l'on n'a pas constaté par le passé. »*

La passe d'armes en reste là. L'Élysée « s'étonne » de l'irritabilité de Lionel Jospin. Tout au plus un incident, pas un incendie ! Les deux têtes de l'exécutif ont trop conscience que l'heure du divorce n'est pas venue. La prochaine élection présidentielle, où l'un comme l'autre savent qu'ils se retrouveront face à face, est encore loin.

Et puis, sur le cas Bernard Bonnet, il existe une forme de responsabilité partagée. *« Je ne l'ai pas choisi tout seul*, explique en privé Lionel Jospin. *Il fallait très vite annoncer un successeur au préfet Claude Érignac qui venait d'être assassiné. »* De fait, à l'époque, l'Élysée n'a émis aucune objection à la nomination de ce préfet. Bertrand Landrieu, directeur de cabinet de Jacques Chirac, connaissait personnellement Bernard Bonnet, quand il était à l'Intérieur. *« Le RPR des Pyrénées-Orientales n'a jamais souhaité son départ, bien qu'il ait été nommé par la gauche*, se souvient-il. *Quand Jospin a proposé son nom, j'ai trouvé que c'était un bon choix.* » Bonnet passait en effet pour un homme proche du RPR, bien qu'il eût fait l'essentiel de sa carrière sous des gouvernements de gauche.

Cependant, au fil des mois, l'Élysée s'est inquiété de l'évolution du préfet de région. « *Nous avons noté une carence de la responsabilité politique*, reprend Bertrand Landrieu. *Après les élections territoriales* [marquées par une poussée nationaliste], *il n'y a pas eu de communication en Conseil des ministres. Ce qui est totalement inhabituel. Maurice Ulrich et moi avons alors demandé un rendez-vous à Philippe Barret pour évoquer ce sujet. C'est finalement Jean-Pierre Chevènement qui nous a reçus. Il ouvrait de grands yeux et nous parlait exclusivement de l'état de droit...* »

Plus que tout, c'est le rapport de forces permanent installé par Bernard Bonnet avec les élus insulaires qui a déplu à l'entourage de Jacques Chirac. Il était inadmissible, selon l'Élysée, qu'un préfet pût insinuer publiquement que c'était lui qui choisirait la date de son départ. Bernard Bonnet, pris à partie par les nationalistes à l'Assemblée territoriale sur un ton fort peu amène (« *Quand partez-vous ?* »), avait répondu qu'il choisirait lui-même le moment où il serait remplacé. L'Élysée n'a pas non plus apprécié que le préfet ait attendu un mois avant de rendre visite à Jean Baggioni, président RPR de l'exécutif corse. Enfin, les conseillers du Président ne goûtaient guère les dérapages verbaux du préfet, notamment le peu de cas qu'il faisait de son obligation de réserve. L'allusion au « mur » de François Léotard avait ainsi été fort peu appréciée.

Pour autant, Lionel Jospin, qui sur le fond ne doit pas être en désaccord profond, notamment pour ce qui est du respect dû aux élus, estime encore aujourd'hui qu'on *« ne peut rappeler un préfet qui fait son devoir simplement parce que certains disent qu'il n'a pas la manière. Le combat qu'il avait à mener était celui de l'état de droit. Il y a eu un renversement de finalité quand cela est devenu la passion du combat »*.

Bernard Bonnet a-t-il perdu de vue le sens de sa mission ? Si, au bout du compte, Lionel Jospin n'a pas subi le contrecoup de cette incroyable affaire, il demeure que le gouvernement, en confiant tous les pouvoirs à un préfet, a négligé son obligation de contrôle du plus haut représentant de l'État en Corse. Les interlocuteurs de Bernard Bonnet, tant à Matignon qu'à l'Intérieur, n'ont rien vu venir de ce qui se préparait dans le huis clos ajaccien. Les alertes n'avaient pourtant pas manqué, mais elles étaient balayées d'un revers de main : les Renseignements généraux étaient considérés comme inféodés aux fameux « réseaux Pasqua », et les protestations de la Justice face aux « coups » médiatiques du préfet passaient pour les vieilles résurgences d'une rivalité séculaire avec l'Intérieur. Il n'y a pas plus aveugle que celui qui ne veut pas voir...

Cette fois encore, l'Élysée est d'accord avec Matignon : après le séisme de l'affaire Bonnet, mieux vaut éviter les personnages trop flamboyants ! Jean-Pierre Lacroix, nouveau préfet de Corse, poursuivra la politique de son prédécesseur : rétablir l'état de droit. Mais *« c'est plus un extincteur qu'un pyromane »*, disent ceux qui connaissent ce rocardien de 57 ans. Il rêvait d'être préfet. Il est préfet de région en Corse. Dans son premier poste en Guyane, en 1984, il avait fait la connaissance d'Alain Christnacht, aujourd'hui conseiller aux Affaires intérieures de Lionel Jospin. Présenté comme un homme de dialogue, il doit avoir conscience que le rétablissement de l'état de droit ne peut constituer l'unique remède. La défense de l'identité et du particularisme corses est une réalité impossible à négliger. Un nouveau statut dans la République reste à inventer, mais une fois la légalité rétablie. Ce serait une première. Et les Corses fondent des espoirs dans ce préfet habitué des départements d'outre-mer. Il est vrai aussi qu'avant d'être nommé en Corse, il était préfet du Val-d'Oise, fief du ministre de la Défense Alain Richard, patron des gendarmes...

Annexe 1

Les aveux de Gérard Pardini

Ajaccio le 5 Mai 1999

L'honneur me commande aujourd'hui de révéler les faits dont j'ai pu avoir connaissance sur cette affaire dite de la « paillote ». Cette affaire strictement locale n'est en rien une affaire d'État. Elle ne mérite pas non plus que la vie de beaucoup de personnes soit brisée ou encore pire poussée à la désespérance ultime.

Voilà les faits tels que dans leur plus grande sincérité je puis les décrire. Je ne rend évidement pas compte d'éléments auxquels je n'ai pas été associé comme cela ressort de mes auditions.

Le souhait du préfet de voir détruire une paillote a été plusieurs fois évoqué avec le colonel Mazères dans les semaines de préparation de l'opération conduite par le génie militaire. Il est vrai que certains établissements présentaient des contraintes très lourdes de réalisation.

Je ne peux évidemment sur ce sujet rapporter la teneur de propos qui auraient pu être ensuite tenus en tête à tête entre le préfet et le Colonel sur ce sujet.

Sans que je puisse en préciser la date, le colonel Mazères m'a un jour dit qu'il demanderait à des éléments du GPS de faire une telle opération. J'en ai informé le préfet.

Ce sujet n'a plus ensuite été évoqué pendant plusieurs jours, en tout cas en ma présence.

L'échec de la démolition par le génie militaire d'un établissement sur la plage de Mare e sole en raison d'un "cafouillage" des forces de gendarmerie, qui malgré les directives très précises reçues n'ont pu empêcher un "mini fort chabrol" – entraînant une flambée politique avec l'assemblée de Corse et François Léotard accompagnant les élus nationalistes sur les lieux – a réactivé ce souhait du Préfet. Je vous renvoie pour les détails de cette opération à mon audition.

Il est probable que cet épisode, joint à la présence de UBRG sur les lieux de l'opération sans que cette présence eut été requise, ni même souhaitée ou suggérée ait irrité le colonel Mazères dont les ordres avaient mal été exécutés par ses subordonnés

Il a ainsi fallu jouer dans l'urgence une "reculade" même si un point très positif, comme l'engagement des élus de souscrire au programme de démolition ait été ac ainsi qu'un engagement des "propriétaires illégaux".

Le colonel Mazères très peu de temps avant l'arrêt du programme de remise en état du domaine public maritime à Coti Chiavari m'avait rapporté en aparté d'une réunion que des gendarmes surveillaient le secteur de la plage de Cala d'Orzo et avait aperçu des véhicules de nuit qui visiblement exerçaient une surveillance pour prévenir vraisemblablement une intervention du génie militaire.

L'un de ces véhicules dont il m'a dit que l'identification correspondait au ~~commissariat d'Ajaccio~~ SGAP, était une voiture du commissariat de sécurité publique d'Ajaccio qui était donc là hors de sa circonscription.

Cette information que j'ai communiquée au Préfet a dû lui laisser penser que cela pouvait être une possibilité d'assainir un peu les mœurs policières en destabilisant certains "copinages" locaux.

Il m'a alors suggéré de faire trouver sur place un papier pouvant dire "Feraud balance des flics". Je l'ai écrit un soir avec le colonel Mazères et l'ai photocopié dans mon bureau en quelques ~~exemplaires~~. Le Colonel est parti avec n'ai ensuite plus personnellement évoqué cela.

Le Préfet m'ayant quelquefois demandé si j'étais au courant d'une réalisation, je lui ai indiqué que je n'en savais rien. J'ai compris que cela était intervenu quand la permanence m'a informé de l'incendie. J'ajoute que quand le colonel nous a progressivement appris qu'un émetteur radio avait été trouvé, puis une cagoule, et qu'enfin un homme avait été brûlé, j'ai pensé et le Préfet aussi que nous ne savions pas tout et qu'une embuscade ou un coup tordu dont nous ignorions tout avait pu être fait aux gendarmes car la succession de maladresses décrites apparaissait surréaliste.

Aucune autre opération n'a associé les gendarmes, pour répondre à certains échos de presse pouvant laisser supposer ou même laisser douter que des actions terroristes non revendiquées aient été commises.

Je réaffirme clairement que cet épisode malheureux n'ait dû qu'à un enchaînement de pressions tellement fortes que nous avons tous pu abandonner les uns ou les autres à des degrés divers une partie de nos facultés d'analyse et de jugement

J'espère simplement que ces éléments qui éclairent le dossier, et il n'y en a pas d'autres, serviront l'État.
Le corps préfectoral et la gendarmerie nationale sauront tirer matière à se renforcer.

Gérard Pardini

Nota bene : Cette déclaration n'est pas la conséquence des conditions de la garde à vue qui a toujours été empreinte de grande courtoisie et exempte de toute pression.
J'ai voulu rédiger cette déclaration manuscrite par volonté personnelle.

Annexe 2

Organisation de la Gendarmerie

Ministère de la Défense
Alain Richard

↓

Direction générale
de la Gendarmerie nationale
Bernard Prévost, directeur général
Général Gérard Marcille, major général

↓

Légion de Gendarmerie
dirigée par le colonel Henri Mazères
L'État-major de la Légion est dirigé par le lieutenant-colonel Bertrand Cavallier

2 groupements départementaux

Section des recherches chargée des enquêtes judiciaires

GPS
dirigé par le capitaine Norbert Ambrosse
Protection des personnalités
dirigé par le lieutenant Franck Pessé
Renseignement
dirigé par le lieutenant Lionel Dumont
Interpellations à risques
dirigé par le lieutenant Denis Tavernier

Annexe 3

Propositions d'actions pour la Corse
défendues par Bernard Bonnet auprès de Matignon

À Ajaccio, le 01 Mars 1998

CORSE
Propositions d'actions

La Corse est minée par la violence et l'État s'est souvent révélé impuissant à faire appliquer la loi républicaine, à tel point que les accusations de passivité et de complaisance sont portées dans l'opinion insulaire.

L'assassinat du préfet Claude ÉRIGNAC a créé un traumatisme immense, comme la chute d'un tabou que personne ne contestait : le respect de la personne du représentant de l'État.

Cette situation de crise appelle une réponse forte, immédiate et durable.

I – LA CORSE : TROIS DÉRIVES MAJEURES

Les dérives constatées sont bien évidemment croisées et interactives, et trois constats s'imposent.

11 – LA DÉRIVE CIVIQUE

– Sur le plan du comportement, on constate une incivilité croissante, désormais constitutive de l'affirmation identitaire : arrogance, mépris total du code de la route, détention et port illégaux d'armes.

Ce phénomène est répandu chez certains jeunes qui s'identifient volontiers au mythe de la « cagoule » incarné depuis une vingtaine d'années par les nationalistes. L'exaltation de leur engagement clandestin n'est pas contradictoire avec un goût prononcé pour les bienfaits de la société de consommation (véhicules, loisirs nocturnes...) auxquels on accéderait sans effort. De toute évidence, ces jeunes désœuvrés constituent des recrues potentielles pour exécuter des actions violentes.

– En matière de criminalité, la Corse est caractérisée par un nombre d'assassinats et d'attentats très supérieur à ceux des départements les plus touchés par le grand banditisme.

– En matière de crime organisé ou touchant les nationalistes, la majorité des assassinats n'a jamais été élucidée. Il en va de même pour les attentats. L'absence de témoignages apparaît centrale dans l'explication de ce phénomène, même si l'on parvient en définitive à reconstituer certaines « chaînes de meurtres ».

– Dans le domaine fiscal, les analyses conduites ont révélé un niveau de fraude préoccupant. De plus, l'obligation déclarative et le recouvrement de l'impôt sur le revenu et des différentes taxes apparaissent particulièrement insuffisants, sans susciter pour autant des réactions appropriées des services concernés.

– L'État est jugé déficient dans ses fonctions régaliennes (justice, sécurité...). Les effets conjugués d'une sédentarité excessive et des ambiguïtés générées par les politiques dites « répression-dialogue » ont altéré de façon significative la fiabilité et la détermination de certains services.

– L'action administrative traditionnelle est insuffisante dans sa fonction de contrôle et dans sa capacité à faire émerger ou accompagner des projets. Ces déficiences sont particulièrement observées au niveau régional (SGAC).

12 – LA DÉRIVE ÉCONOMIQUE

L'économie corse, peu productive, est dépendante. Les exportations ne représentent que 6 % des importations ; le déficit est couvert par l'État et la sécurité sociale.

Aucun modèle de développement n'étant consensuel, les atouts de l'île sont médiocrement valorisés.

Une stratégie d'endettement s'est largement répandue dans les milieux professionnels. Elle se concrétise par l'investissement accompagné du non-remboursement des échéances, cela dans l'attente d'une mesure d'effacement de la dette.

– L'agriculture en est un exemple caricatural. De manière pernicieuse, les aides massives attribuées périodiquement depuis 1992 (1,5 milliard de francs) ont accru l'endettement au point de mettre aujourd'hui en question l'existence de la majeure partie des 2 500 exploitants agricoles exerçant leur activité à temps complet. Or, si l'on peut considérer que certaines exploitations surendettées appartiennent à des gens sérieux et travailleurs ayant beaucoup investi, force est de constater et de s'interroger sur les bénéficiaires d'aides agricoles qui se sont constitué un patrimoine sans lien avec l'agriculture.

Au cœur du dysfonctionnement apparaît la Caisse régionale du Crédit agricole de Corse.

S'agissant des socioprofessionnels des secteurs secondaire et tertiaire, un constat similaire prévaut.

– En matière commerciale, l'irrespect des règles élémentaires de droit (dépôt annuel des comptes sociaux, dépôt de la déclaration de cessation de paiement dans un délai de quinze jours...) ne permet pas de prévenir efficacement la dégradation des situations financières des entreprises et contribue à la dérive du monde économique qui n'envisage pas d'autres solutions que l'allègement des charges « sous couvert de l'insularité ».

13 – LA DÉRIVE POLITIQUE

131. La disparition progressive des clans traditionnels

Le clan nordiste dont le chef était François GIACOBBI (MRG) est en déclin depuis 1980. Cette mouvance reposait sur les emplois de la fonction publique et la diaspora.

Elle disparaît pour trois raisons :

– la refonte complète des listes électorales (avec le « statut JOXE ») qui a éliminé l'électorat que constituait la diaspora des fonctionnaires,

– l’action des nationalistes qui font du Conseil général de Haute-Corse leur cible privilégiée,

– l’ascension politique de Paul NATALI à partir de son pouvoir économique.

132. L’affaiblissement du clan sudiste

Ce phénomène est le résultat de trois facteurs :

– l’effacement de son chef historique et emblématique, M. Jean-Paul de ROCCA-SERRA,

– la chute du clan nordiste auquel il était allié contre les adeptes du statut JOXE,

– la dépendance de plus en plus forte à l’égard des nationalistes (Cuncolta).

133. L’émergence du national-affairisme

C’est la rencontre du pouvoir et de l’argent qui s’exprime selon le processus suivant :

– alliance des successeurs néo-libéraux (ROSSI-NATALI) du clanisme traditionnel avec les nationalistes pour conquérir le pouvoir politique,

– investissement des rouages socio-économiques (CCI d’Ajaccio...) par les nationalistes pour faire fructifier le patrimoine acquis depuis des années par le racket déguisé en soi-disant « impôt révolutionnaire ».

L’arme bancaire de ce système est le Crédit Agricole. Principale banque de l’île, elle a longtemps été dirigée par Jean-Claude GUAZELLI, dont un frère, Paul-Louis, appartient au grand banditisme (Brise de Mer), et un autre frère, Francis, au nationalisme (MPA).

L’exemple du Crédit Agricole pourrait être étendu à la CADEC (Caisse d’Aménagement et de Développement économique de la Corse). Cette société de développement régional qui distribue généreusement et sans garanties suffisantes des crédits aux entreprises se trouve désormais en situation déficitaire, au point de solliciter d’incessantes recapitalisations. Elle a même consenti des aides au Conseil général de la Corse-du-Sud.

II – L'ÉMERGENCE D'UN VÉRITABLE SYSTÈME DE TYPE MAFIEUX PARÉ DES APPARENCES DE LÉGALITÉ

Ce système est le résultat très élaboré d'une interaction entre trois pôles :

– des centres de décisions politiques,

– le nationalisme dont les avatars constituent depuis vingt ans un inhibiteur récurrent de l'État et un fixateur efficace de l'action policière,

– l'affairisme et le grand banditisme traditionnels.

Dans les faits, ce système qui dispose de la maîtrise des rouages politiques, commerciaux et bancaires, s'est progressivement substitué à la République qui en assure le financement dans une large mesure.

III – LES VOIES D'UNE RÉACTION RÉPUBLICAINE

Une politique en rupture avec les ambiguïtés antérieures est attendue.

Pour l'État, elle se traduit par une triple exigence d'efficacité, de continuité et d'ouverture.

Cinq priorités peuvent être dégagées :

31. Une recomposition de l'administration mieux ajustée à l'architecture politique et à l'espace corses

Le statut particulier de la Collectivité Territoriale qui confère une représentativité forte à l'Assemblée de Corse rend nécessaire le renforcement de l'État au niveau régional.

Le préfet de Corse pourrait être assisté d'un préfet délégué à la sécurité, compétent pour l'ensemble de l'île. L'hypothèse d'un préfet délégué en Haute-Corse chargé de conduire l'action administrative pourrait être envisagée.

32. Le déclenchement de missions d'inspection

– Le contrôle de l'argent public :

Des audits externes portant sur le fonctionnement d'organismes bancaires doivent être conduits rapidement. Ils devraient concerner à titre prioritaire la Caisse régionale du Crédit Agricole, l'ODARC (l'Office du Développement agricole et rural de Corse) et la CADEC.

Parallèlement, la chaîne du contrôle des fonds structurels et des fonds publics nationaux devra être expertisée et recomposée.

– Le fonctionnement de l'Administration :

Une mission de l'IGA devrait évaluer l'exercice du contrôle de légalité (urbanisme et marchés publics) et du contrôle budgétaire dans les deux préfectures de département.

Une mission interministérielle pourrait vérifier les conditions d'utilisation des crédits du RMI dans les deux départements.

Une mission de l'Inspection générale des Finances pourrait analyser les conditions de recouvrement des créances publiques (à partir des perceptions).

33. Des mesures immédiates et lisibles du respect de la loi

– La réglementation des armes.

Il apparaît impératif de :

– rejeter toutes les premières demandes de détention hors motif avéré de sécurité, d'inventorier toutes les autorisations et de prescrire les neutralisations qui s'imposent,

– refuser tout renouvellement de détention consécutif au vol ou à la disparition d'une arme,

– contrôler tous les clubs de tir sportifs et retirer les agréments accordés ne correspondant pas à une pratique effective de la discipline sportive.

– Le contentieux de l'urbanisme.

L'application des décisions pénales de démolition (45 cas en Corse-du-Sud) doit être mise en œuvre en recourant, si nécessaire, aux services du génie.

– La réglementation en matière de fermeture des établissements de nuit (discothèques, bars, etc.).

Dans ce domaine, une vaste opération interservices sera organisée dans l'île. Les mesures de fermeture administrative devront être prononcées pour les établissements ayant contrevenu à l'horaire légal de fermeture.

– La réglementation des explosifs.

Il est indispensable de renforcer le contrôle de l'exploitation des dépôts d'explosifs et de privilégier les demandes d'explosifs à utiliser dès réception pour éviter les constitutions de stocks.

34. Une unité de lutte antimafieuse

Cette unité composée de volontaires : magistrats, officiers de police judiciaire et vérificateurs des services fiscaux, pourrait être implantée en Corse. Des locaux sécurisés pourraient l'accueillir rapidement à Ajaccio (presqu'île d'Aspretto) et à Bastia (Borgo).

Ses missions seraient principalement orientées sur le traitement financier du phénomène mafieux local, à partir d'objectifs connus ou déjà recensés.

Cette unité, qui répondrait à une situation exceptionnelle, serait logiquement destinée à évoluer avec l'inversion attendue du phénomène mafieux.

35. La promotion de l'identité insulaire

Le soutien de la langue et de la culture corses, la défense du patrimoine et de l'environnement doivent constituer une des priorités affichées de l'action publique.

***

Ces propositions peuvent être mises en application sans délai et marqueraient la réelle rupture tant souhaitée dans l'île.

Elles ne sont pas exclusives de mesures de soutien à l'économie insulaire ni de dispositions prises au niveau national comme, par exemple, la loi tendant à limiter le cumul de certains mandats électoraux et fonctions électives.

IV – LES MENACES IMMÉDIATES

– La signification réelle de l'assassinat du préfet Claude ÉRIGNAC traduirait-elle la contrariété d'intérêts particuliers ou, de façon plus préoccupante, un acte politique annonciateur d'une dérive de type ETA ?

– La non-représentation vraisemblable des nationalistes dans la prochaine Assemblée territoriale, avec pour conséquence l'amplification, voire la radicalisation des mouvements apparus récemment,

– La problématique liée au refus probable de reconversion d'un millier d'exploitants agricoles (dont les exploitations sont structurellement non viables) et le risque de troubles à l'ordre public induit par le sentiment de désespérance,

– La menace d'une généralisation du conflit actuel du secteur de la santé à l'ensemble des secteurs économiques de l'île en signe de solidarité.

Annexe 4

La fiche des gendarmes qui provoque
leur dessaisissement dans l'affaire de Pietrosella

Direction generale de la gendarmerie nationale
Service des operations et de l'emploi
Sous-direction des operations
Bureau de l'animation et de la coordination

Le 29 octobre 1998

N° 1298 OPS/ANI/LAT

FICHE

Bureau de liaison
D.G.P.N.
auprès de la D.G.G.N.

OBJET : Déplacement du juge THIEL en CORSE.

Le 28 octobre 1998, le juge THIEL chargé du dossier de PIETROSELLA s'est rendu à AJACCIO où il a participé à une réunion de travail à la gendarmerie de BATTESTI en présence du commandant de la SR, du directeur du SRPJ et de leurs collaborateurs réciproques.

L'objectif du magistrat était de faire le point sur l'enquête de PIETROSELLA avec les deux services saisis (police - gendarmerie) suite, notamment aux échos lui étant parvenus sur les difficultés rencontrées par la SR d'AJACCIO pour conduire certaines investigations (1).

En préliminaire, le juge a fait des observations au SRPJ pour avoir transmis à la DNAT des procès verbaux de son service et de la SR (une trentaine) relatifs à l'enquête de PIETROSELLA, et a rappelé que ce service n'était pas saisi de l'affaire.

Il a été convenu que la SR d'AJACCIO :

- lui soumettra rapidement la liste des objectifs à interpeller (ils sont au nombre de six) et son plan d'action sur les investigations à réaliser pour recenser les détenteurs de sacs similaires à ceux utilisés lors de la prise d'otages. A ce sujet, le magistrat a précisé qu'il n'avait pas encore obtenu les résultats des expertises sollicitées ;

- procédera à un recensement de tous les nationalistes connus à PIETROSELLA et ses environs,

- se transportera à PARIS dans la semaine du 16 au 22 novembre pour prendre connaissance du dossier « LORENZONI Marcel », mis en examen à son cabinet pour association de malfaiteurs en relation avec une entreprise terroriste.

La réunion a permis au juge de faire la connaissance du chef d'escadron GOTAB et de prendre acte de l'évolution du dossier et de la détermination des enquêteurs de la gendarmerie.

(1) A maintes reprises BAC a fait part de l'inertie du juge aux demandes de la SR d'AJACCIO à différents interlocuteurs dans le but de débloquer la situation.

Annexe 5

Le commando nationaliste

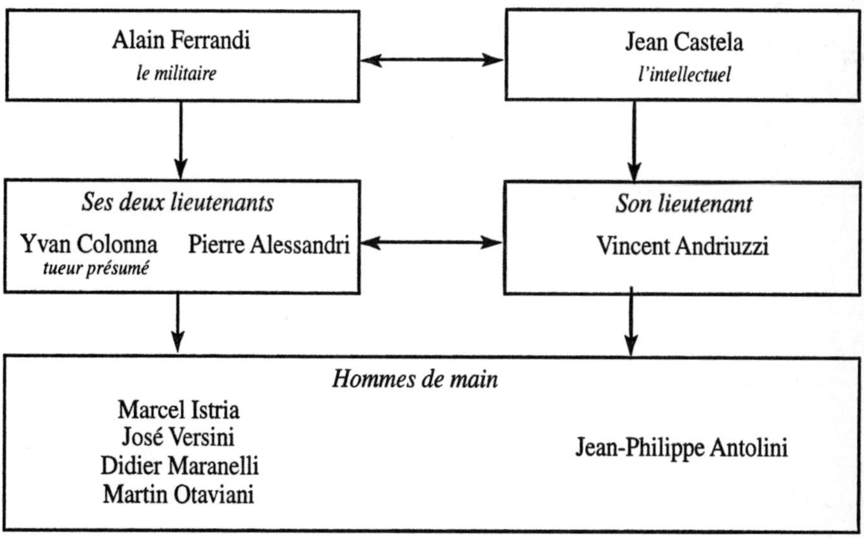

Annexe 6

Note de la direction de la gendarmerie
créant le GPS

RÉPUBLIQUE FRANÇAISE

MINISTÈRE DE LA DÉFENSE

DIRECTION GÉNÉRALE DE LA GENDARMERIE NATIONALE

Service des opérations et de l'emploi

Sous-direction de l'emploi

Bureau de l'organisation et des effectifs

35, rue Saint-Didier,
75775 PARIS CEDEX 16
Télex : DIRGEND 235 033
Téléph. : 01 53 65 45 89

N° 4928 - 27 JUIL. 98
DEF/GEND/OE/EMP/ORG

Le directeur général de la gendarmerie nationale
au
général, commandant
la circonscription de gendarmerie de Marseille.

OBJET : Création du groupe de pelotons de sécurité (GPS) d'Ajaccio (Corse-du-Sud).

RÉFÉRENCE : Note-express n° 3560 DEF/GEND/OE/EMP/ORG du 2 juin 1998.

ANNEXES : Deux.

Le groupe de pelotons de sécurité d'Ajaccio est créé à compter du 1er juin 1998 par dissolution corrélative à la même date de l'escadron 31/6 de gendarmerie mobile d'Ajaccio.

Les modalités de mise en œuvre de la présente décision sont précisées en annexes.

Par ordre, le général de corps d'armée MARCILLE
major général de la gendarmerie nationale

I - DISPOSITIONS RELATIVES À L'ORGANISATION

11) Subordination

Le groupe de pelotons de sécurité créé à Ajaccio est directement rattaché à la légion de gendarmerie départementale de Corse. Ses militaires portent les galons blancs de cette subdivision d'arme.

12) Articulation

Le groupe de pelotons de sécurité est composé :
- d'un groupe de commandement,
- d'un peloton hors rang,
- d'un peloton VBRG / protection,
- d'un peloton d'intervention,
- d'un peloton de renseignement et d'observation.

13) Effectif

131) La création de cette unité est réalisée grâce au transfert des 95 postes budgétaires d'officier et de sous-officier de l'escadron 31/6 de gendarmerie mobile d'Ajaccio dissous et grâce au repyramidage accordé par la direction générale de la gendarmerie nationale de 7 postes de gendarme en :
- 1 poste de major,
- 3 postes d'adjudant-chef,
- 2 postes d'adjudant,
- 1 poste de maréchal des logis-chef.

132) L'effectif de l'unité créée est de 95 personnels dont :

– 3 officiers :	– 1 capitaine,
	– 2 lieutenants,
– 92 sous-officiers :	– 2 majors,
	– 5 adjudants-chefs,
	– 6 adjudants,
	– 5 maréchaux des logis-chefs,

– 74 gendarmes.

Le détail de l'organisation de cette unité ainsi que la répartition par grade des effectifs font l'objet de l'annexe 2.

14) TEA

Les tableaux des effectifs autorisés de la 6e légion de gendarmerie mobile et de la légion de gendarmerie départementale de Corse seront modifiés en conséquence.

Les états des effectifs autorisés de ces deux légions feront l'objet d'un modificatif qui sera diffusé par les soins de la direction générale de la gendarmerie nationale.

Le tableau fixant l'implantation et l'articulation de la garde républicaine et des unités de gendarmerie mobile de la métropole, diffusé sous BE n° 3210 DEF/GEND/OE/EMP/ORG du 19 mai 1998 (Class : 12-27), fera l'objet d'un modificatif qui sera diffusé ultérieurement par la direction générale de la gendarmerie nationale.

15) Numéros d'identification informatique

Les numéros d'identification informatique de l'escadron 31/6 de GM d'AJACCIO dissous sont supprimés :

– EGM mixte VBRG 31/6 (unité de regroupement) : 06584
– PHR VBRG 31/6 : 06585
– Peloton VBRG 31/6 : 06587
– Peloton porté 2. 31/6 : 06586
– Peloton porté 3. 31/6 : 06588

Les numéros d'identification informatique suivants sont attribués (unité créée) :

– Groupe de pelotons de sécurité (unité de regroupement) : 12296
– Groupe de commandement : 12297
– Peloton hors rang du GPS : 12298
– Peloton VBRG / protection du GPS : 12299
– Peloton d'intervention du GPS : 12300

– Peloton de renseignement et d'observation du GPS : 12301

16) Symbolique

161) Unité dissoute

Le fanion de l'escadron 31/6 de gendarmerie mobile sera reversé au service historique de la gendarmerie nationale qui en assurera la conservation conformément aux dispositions de l'instruction n° 3100 DEF/GEND/CAB en date du 1er octobre 1996 relative à l'organisation et au fonctionnement du SHGN (class : 96.26).

162) Unité créée

Le groupe de pelotons de sécurité d'Ajaccio sera doté d'un fanion de tradition qui sera réalisé conformément aux prescriptions de l'instruction n° 26600 en date du 18 octobre 1993 relative au patrimoine de tradition des unités de la gendarmerie nationale (class : 96.26). Afin de définir la forme de cet emblème, il conviendra de se rapporter au chapitre 2, paragraphe 22 de l'instruction précitée. La demande d'homologation du fanion sera transmise au chef du SHGN, conformément aux dispositions de l'instruction citée au paragraphe 161 ci-dessus.

II – DISPOSITIONS RELATIVES À L'EMPLOI

21) Peloton VBRG / Protection

Ce peloton remplira les missions suivantes :
– missions d'un peloton VBRG au MO (articulation ternaire - 1 engin en maintenance) ;
– missions de protection de personnalités : sécurisation de site (recherche d'explosifs avec équipe cynophile), protection éloignée (tireurs d'élite) et rapprochée de personnalités.

La prise en compte de la protection rapprochée de personnalités sera effectuée :

– à l'initiative du commandant de la légion de gendarmerie départementale de Corse, s'agissant des autorités militaires y compris celles de la gendarmerie ;

– après décision de la DGGN, pour ce qui concerne des personnalités civiles dont la sensibilité sera étudiée pour déterminer s'il y a lieu d'engager le GSIGN.

22) Peloton d'intervention

Ce peloton remplira les missions suivantes :

– Renfort à la gendarmerie départementale : capture de forcenés, arrestation de malfaiteurs, participation à des opérations de recherche de malfaiteurs, escorte et surveillance de détenus dangereux, renforcement de la protection rapprochée de personnalités.

Dans l'hypothèse de l'intervention du GIGN, ce peloton mettra en œuvre les mesures conservatoires à l'intervention de cette unité à laquelle il ne se substituera d'urgence qu'en cas d'absolue nécessité lorsque la vie de tiers sera directement et immédiatement menacée.

Dans tous les autres cas, la DGGN sera sollicitée, selon les dispositions en vigueur pour la mise à disposition d'un élément du GSIGN, selon la nature de la mission à exécuter.

– Maintien de l'ordre : ce peloton est constitué en peloton léger d'intervention dont les missions et les modes d'action ainsi que les conditions d'engagement font l'objet d'un texte particulier.

23) Peloton de renseignement et d'observation

Ce peloton remplira les missions suivantes :

– observations statiques de personnes, de points ou de sites, en vue de recueillir un maximum d'éléments d'ordre judiciaire ou administratif ;

– filatures pédestres ou embarquées ;

– mise en place de moyens dissimulés de prise de vues ou de sons ;

– intrusions dans les réseaux radioélectriques non protégés ;
– couverture et appui d'autres personnels de la gendarmerie pour des interpellations en milieu ouvert pour lesquelles la discrétion est garante du succès des opérations.

L'engagement de ce peloton relève de la responsabilité du commandant de la légion de gendarmerie départementale de Corse qui jugera, eu égard à la dangerosité des objectifs ou à la difficulté des investigations à effectuer, s'il y a lieu d'engager le GSIGN.

III – DISPOSITIONS RELATIVES AUX PERSONNELS

31) Officiers et majors

Les officiers et majors seront mis en place par les soins de l'administration centrale.

32) Sous-officiers

Les sous-officiers de gendarmerie autres que les majors sont affectés au GPS pour une durée de cinq ans, exceptionnellement assortie d'une prolongation de deux ans.

Les affectations au GPS sont prononcées, dans l'intérêt du service, par le commandant de la légion de gendarmerie départementale de Corse.

À l'échéance du temps de présence fixé pour servir au sein du GPS, les mutations sont prononcées dans l'intérêt du service, en application des dispositions arrêtées par les textes de portée générale.

33) Gestion

Le GPS fait partie intégrante de la légion de gendarmerie départementale de Corse.

À ce titre, les sous-officiers affectés au sein de cette unité peuvent concourir à l'avancement au sein de cette branche, quelle que soit leur subdivision d'arme d'origine.

Les titres exigés pour l'avancement sont fixés par l'instruction n° 33000 DEF/GEND/P/SOCA du 26 juillet 1994, notamment en son annexe I (1/3), renvoi (3).

Au regard des dispositions de l'article 1er de l'arrêté du 3 novembre 1976 ou au regard d'une compétence particulière, les sous-officiers inscrits au tableau d'avancement font l'objet d'une décision de maintien au sein du GPS jusqu'à la date de leur relève.

IV – DISPOSITIONS ADMINISTRATIVES

La dissolution de l'escadron 31/6 de gendarmerie mobile et la création du groupe de pelotons de sécurité d'Ajaccio feront respectivement l'objet d'une inscription au répertoire des actes administratifs de la 6e légion de gendarmerie mobile et de la légion de gendarmerie départementale de Corse, conformément aux dispositions de l'instruction n° 34650 DEF/GEND/LOG/ADM du 27 décembre 1983 (class : 90.02).

V – DISPOSITIONS FINANCIÈRES

Les dépenses occasionnées par cette création seront imputées sous budget de fonctionnement.

Une fiche de besoin spécifique relative aux changements de résidence sera éventuellement établie et adressée au bureau de l'exécution du budget accompagnée des devis correspondants.

VI – DISPOSITIONS RELATIVES AUX MATÉRIELS

61) Véhicules et outillages automobiles

Les matériels automobiles, rendus disponibles par la dissolution de l'escadron 31/6 de gendarmerie mobile d'Ajaccio, feront l'objet par l'administration centrale d'un ordre d'affectation de matériel pour être mutés de la 6e légion de gendarmerie mobile de Marseille à la légion de gendarmerie départementale de Corse.

62) Matériels divers et munitions

La présente décision vaut ordre d'affectation des matériels avec facturation à titre gratuit. Les déficits éventuels suite au mouvement seront signalés à l'administration centrale par la légion de gendarmerie départementale de Corse.

63) Matériels du service des essences

Les matériels de l'escadron 31/6 d'Ajaccio seront laissés à disposition de la légion de gendarmerie départementale de Corse. Les besoins complémentaires feront l'objet d'une demande adressée à la direction régionale des essences, conformément aux dispositions de l'instruction n° 1352 DCE/3F/CM.1.EG du 11 février 1959 sur la gestion des matériels « essence guerre » délivrés aux formations de gendarmerie nationale (BOPP 1959 – page 749).

VII – DISPOSITIONS RELATIVES AU CASERNEMENT

Le commandant de la légion de gendarmerie départementale de Corse prendra, dans le cadre de la réglementation en vigueur, les mesures nécessaires pour adapter le casernement en fonction de la nouvelle organisation.

VIII – DISPOSITIONS RELATIVES AUX TÉLÉCOMMUNICATIONS ET À L'INFORMATIQUE

81) Emploi

Le groupe de pelotons de sécurité d'Ajaccio entrera dans les réseaux de couverture radioélectrique du groupement de gendarmerie départementale d'Ajaccio.

Un indicatif et un numéro d'appel sélectif seront attribués par le commandant de la circonscription de gendarmerie de Marseille.

L'adresse télégraphique de l'unité est GROUPELSECGEND AJACCIO.

– SIS

Le groupement de gendarmerie d'Ajaccio (STI) établira, si nécessaire, un dossier de consultation du SIS qu'il adressera à la direction générale de la gendarmerie nationale.

– Chiffre

Le moyen chiffre de l'EGM (Pastel TRC 277 - T2) est conservé.

82) Matériels

– *Radioélectriques et téléphoniques*

Les équipements radioélectriques de l'escadron dissous seront réutilisés par l'unité créée.

Les besoins éventuels en matériels radioélectriques feront l'objet d'une demande à adresser à la DGGN/SPM/SDTI/BTT.

Les besoins éventuels en matériels téléphoniques feront l'objet d'une demande particulière à adresser à la DGGN/SPM/SDTI/BTT conformément aux instructions n° 6900 et 6920 DEF/GEND/TI/2T/MF du 11 mars 1988 (Class : 98.12).

– *Téléinformatique*

Les besoins éventuels en matériels de télématique (TREVI – TREV – TRNEV) feront l'objet d'une demande particulière à adresser à la DGGN/SPM/SDTI/BTT.

83) Bureautique

La configuration micro-informatique de l'EGM 31/6 est transférée au GC du GPS d'Ajaccio.

Index des noms

INDEX DES ABRÉVIATIONS

Table des matières

Cet ouvrage a été composé par PPC -75017 Paris

Impression réalisée sur CAMERON par BRODARD ET TAUPIN La Flèche pour le compte des Éditions Fayard en août 1999

Imprimé en France
Dépôt légal : août 1999 – N° d'édition : 7629 – N° d'impression : 6398W
ISBN : 2-213-60458 -4 – 35-57-0658-02/1